KB242798

해외 원격대학의
현황

백윤철·김상겸·이광진·황준성 공저

한국학술정보㈜

요 약

현재 원격교육은 인터넷의 눈부신 발달에 힘입어 전 세계적으로 보편화되고 있는 것이 사실이다. 이는 원격대학에 대하여 그동안 부정적인 시각을 갖고 있었던 전통적인 명문대학들에게 영향을 미치기 시작하였을 뿐만 아니라 우리나라도 예외가 아니다. 특히 이러한 시점에서 세계화 시대에 교육 분야의 개방이 지속적으로 추진되고 있는 가운데 원격대학은 고등교육 부분에 있어서 자유무역협정(FTA) 대상이 되고 있다는 점에서 교육시장의 개방에 대비한 철저한 준비가 요구된다. 이를 위해서 선행되어야 할 것은 해외 원격대학의 학위 취득 시스템 및 교육서비스 등에 관한 현황 조사·분석을 통하여 교육시장 개방에 따른 전략적인 교류 및 대응 조건을 분석하는 것이다. 이에 본 연구에서는 원격대학이 있는 미국과 방송통신대학이 있는 일본, 영국, 홍콩의 현황과 동향에 대하여 면밀한 분석·검토를 통하여 우리나라에서 현재 운영되고 있는 원격대학이 갖고 있는 제 문제점에 대하여 향후 개선방안을 마련하는 데 중요한 자료로서 활용하고자 하는 데 그 목적이 있다.

우선 제2장에서는 미국의 원격대학제도의 현황과 체제에 대하여 기술하였고, 또한 우리나라의 방송통신대학과 유사한 형태로 운영되고 있는 일본, 영국, 홍콩의 원격대학에 대하여 현황과 체제에 관하여 교육체제와 관련하여 개괄적으로 살펴보고 그 시사점을 도출하였으며, 제3장에서는 우리나라와 외국 원격대학 간 교수, 학습 서비스 및 만족도에 대한 인식 조사 등에 대하여 기술하였다. 또한 마지막으로 제4장에서는 앞에서 기술한 내용을 토대로 한 분석 결과에서 해외 원격대학이 우리나라 원격대학의 발전을 위하여 어떤 시사점을 던져주고 있는지 기술하면서 우리나라 원격대학이 앞으로 나아가야 할 방향을 제시하였다.

이러한 연구를 위해서 원격대학과 관련된 현황 및 내용을 담은 다양한 학술지, 통계자료집, 각종 해외 원격대학 자료집 등을 이용하였고 해외 원격대학에 대해 전문적인 견해와 경험을 가지고 있는 전문가들로부터 인터뷰 방식을 통한 전문가 의견조사를 실시하였으며, 이뿐만 아니라 외국 원격대학에 등록한 학생 수 등을 파악하는 기초 통계조사를 하였고 원격대학 재학생·졸업생들의 해외 원격대학에 대한 만족도 및 인식을 조사하였다.

이와 같은 본 연구의 내용을 정리해보면 우리 원격대학이 해외 원격대학의 성공과 실패를 통해서 우선 원격대학이 교육의 질을 향상시키고, 이러한 향상된 교육을 바탕으로 특성화와 전문화를 동시에 이루어야 한다는 점이 중요함을 알 수 있다. 그리고 더욱 더 중요한 것은 엄격한 학사관리와 교육의 질 향상이라 할 것이다. 이뿐만 아니라 원격대학에서는 교육기관 및 프로그램 운영에 대한 정확한 실태조사를 우선시하고, 어떠한 법적 기반에 의해 운영되고 있는지에 대한 분석이 필요하며, 질 관리를 통한 상호인정 방식을 모색하는 등의 작업이 이루어질 때, 세계적인 흐름에 맞는 원격대학의 모습을 갖춰 나갈 수 있을 것이라고 기대한다.

본 연구는 한국교육학술정보원의 수탁과제로 수행한 것임을 밝혀둡니다.

차 례

표 목 차

그 림 목 차

Ⅰ. 서 론

1. 연구의 목적 및 필요성

정보통신기술의 발달은 인간의 삶을 송두리째 변화시키고 있다. 이러한 변화는 교육 분야에 있어서도 예외는 아니다. 교수와 학생이 강의실에 앉아서 얼굴을 맞대고 하던 교육은 인터넷을 기반으로 한 원격교육으로 대체되고 있다. 이제 원격교육은 인터넷의 눈부신 발달에 힘입어 향후 전 세계적으로 보편화될 것이다. 그래서 미래학자이며 경영철학자인 피터 드러커는 "미래에는 대학들이 살아남지 못할 것이다. 교육의 미래는 전통적인 대학 캠퍼스와 강의실 밖에 있으며, '원격교육'이 빠르게 도래하고 있다."라고 역설하였다. 그가 예견하였던 교육의 모습이 지금 미국에서 현실로 나타나고 있으며, 그것도 아주 빠르게 진행되고 있다.

원격교육에 관한 사회적 인식의 변화는 그동안 원격대학에 대하여 부정적 시각을 가지고 있던 미국의 하버드대와 예일대 등 이른바 전통적인 명문대학들에도 영향을 미치기 시작하였다. 이들 대학들은 원격대학에 가졌던 기존의 인식에서 탈피하여 원격대학의 효율성과 사업 가능성에 대하여 주목하고 있다. 이런 상황이 계속되면서 미국은 우수한 네트워크 환경과 교육 환경, 충분한 교육 소비자 등의 여건을 바탕으로 원격대학의 본격적인 시대가 열릴 것이라고 예상하고 있다.

우리나라는 전국적인 광통신망 구축으로 인하여 급속하게 인터넷이 보급되면서 원격교육이 활성화되고 있다. 또한 지식 기반의 산업화와 지식정보화의 시대적인 요구로 원격교육에 대한 사회적 관심이 높아지면서 그 활용이 급속하게 증가하고 있다. 특히 2004년 1월에는 e-러닝산업발전법이 제정되면서 이를 근거로 교육부, 산자부와 노동부 등 정부부처에서 원격교육에 대한 지원정책과 예산이 확충되었다. 그리고 이로 인하여 산업계의 관심이 커지면서 각 기업들은 원격교육에 대한 연구를 강화하고 있다. 또한 각 학교에서는 원격교육을 도입하면서 앞으로는 군복무를 하면서도 학점을 이수할 수 있도록 하는 방안이 강구되고 있을 정도로 원격교육에 대한 연구와 활성화가 활발하게 추진되고 있다. 이제 원격교육은 일상생활과 밀접한 것으로 자리매김하고 있다.

이러한 현상이 세계적인 추세라는 점에서 원격교육을 선도해 나가야 하는 우리나라의 입장에서는 장기적인 안목에서의 연구가 필요하다. 원격교육은 국가기관이나 기업에서 많이 활용될 수 있으며, 정보통신기술을 기반으로 하여 실시간에 이루어지기 때문에 학교교육에서의 활용가치 역시 상당하다. 원격교육은 IT산업의 새로운 분야라고 하기보다는 국가와 사회에서 중요하고 핵심적인 교육 분야에서 활용되는 대상이다. 따라서 원격교육은 세계적으로 모든 교육기관에서 커다란 관심을 가지고 있다.

원격교육은 21세기 교육 혁신의 핵심 키워드로 우리나라 국가 교육정책의 중요한 방향 중의 하나로 위치를 점하고 있다. 더욱이 원격교육은 다음과 같은 배경으로 그 필요성이 더욱 커지고 있다.

첫째, 사회 환경적인 변화로 정보량의 증가와 지식의 변화가 가속화되고, 가변적인 사회체제에서 열린 평생학습의 필요성이 증대되고 있다. 둘째, 교육환경적인 변화로 교육 수요자가 원할 때 교육기회가 제공되어야 한다는 평생학습의 개념이 새로운 패러다임으로 전환되고 있다.

셋째, 정보통신기술 인프라의 성장으로 초고속 정보통신망이 구축되고, 지식정보의 인프라 구축, 전 국민의 정보화 교육 실시 등의 목적을 위하여 국가 차원의 정보 인프라가 확충되면서 학습자 중심의 학습인 e-러닝이 실현될 수 있는 여건이 충분히 조성되었다.

현재 우리나라는 17개교의 원격대학이 설립되어 있고 이들의 입학 정원은 21,650명이다. 원격교육의 확대로 인하여 원격대학의 정원도 증가하고 있으나, 국가의 교육정책에 따라 원격대학의 정원도 확정되고 있다. 그렇기 때문에 원격대학의 정원을 확정하는 문제는 중요하며, 이를 위하여 원격교육의 수요를 예측하여 원격대학의 정원을 어떻게 정할 것인지에 대한 지침이 필요하다. 그리고 이러한 지침을 위하여 해외 원격대학의 현황파악은 중요한 사전작업이라 할 수 있다.

원격대학은 세계 교육 변화의 패러다임의 하나로 대두되고 있는 e-러닝 활성화에 부응하는 제도이며, 언제 어디서나 학습할 수 있다는 점에서 성인의 직업능력 개발 및 평생학습 지원체제로 주목받고 있다. 세계화 시대에 교육 분야의 개방이 지속적으로 추진되고 있는 가운데, 원격대학은 특히 고등교육 부분에 있어서 자유무역협정(FTA) 대상이 되고 있다는 점에서 교육시장의 개방에 대비한 철저한 준비가 요구된다.

이를 위해서는 우선 우리보다 원격대학제도를 먼저 시행하거나 비슷한 시기에 시작한 국가들에 대한 검토가 필요하다. 즉 해외 원격대학의 학위 취득 시스템 및 교육서비스 등에 관한 현황 조사·분석을 통하여 교육시장 개방에 따른 전략적인 교류 및 대응 조건을 분석해야 한다. 고등교육 부분의 자유무역협정 대상으로 원격대학이 협정 당사자 간의 협상에서 비교우위를 점할 수 있도록 현재 우리나라에서 운영되고 있는 교육서비스 제공에 대한 질적 평가 및 학위 인정 시스템 등을 분석하고, 원격대학에 대한 지속적인 질적 수준의 향상을 위한 국가수준의 관리방안을 도출함으로써 국제경쟁력을 제고할 수 있어야 한다.

이상과 같은 점에서 해외 원격대학에 대한 상세한 연구와 검토가 필요한 시점에 왔다. 사실 전 세계적으로 교육시장 개방이 지속적으로 추진되고 있는 가운데, 원격대학이 고등교육 부분에서 자유무역협정(FTA) 대상으로 지정되었다는 점은 원격대학의 중요성을 단적으로 보여주는 것이다. 그렇기 때문에 원격대학에 대한 상세한 연구 검토가 필요하다고 판단된다. 이에 따라 해외 원격대학의 학위 취득 시스템 및 교육서비스 등에 관한 현황을 조사·분석하고, 이를 바탕으로 한 교육시장 개방에 따른 전략적 대응이 요구된다. 본 연구는 원격대학이 있는 미국과 방송통신대학이 있는 일본, 영국, 홍콩의 현황과 동향에 대하여 면밀한 분석·검토를 통하여 우리나라에서 현재 운영되고 있는 원격대학이 갖고 있는 제 문제점에 대하여 향후 개선방안을 마련하는 데 중요한 자료로서 활용하고자 하는 데 그 목적이 있다.

2. 연구의 범위와 내용

1) 연구의 범위

본 연구는 교육시장 개방의 시대에 국내 원격대학의 발전을 위한 사전작업으로 해외 원격대학의 현황에 대한 분석이다. 그런데 해외 원격대학의 현황 분석에 앞서서 해결해야 할 문제는 원격대학을 어떻게 정의할 것인지 여부이다. 이 문제는 미국의 경우 원격대학이 우리의 관점에서 보는 원격대학과 유사하지만, 일본, 영국과 홍콩의 경우 방송통신대학제도가 원격교육기관으로 있기 때문에 연구의 범위를 확정하는 데 있어서 원격대학이 먼저 정의되어야 한다.

원격대학의 개념은 최근에 생성된 것은 아니다. 이 개념은 원격교육이라는 큰 테두리 속에서 정보통신기술의 발달과 더불어 변화, 발전되어 온 개념이다.1) 일반적으로 원격교육의 개념이 발전해 온 과정을 시대별로 살펴보면 다음과 같다.

첫째, 우편제도를 이용한 통신교육의 시대이다. 이 시기의 대표적인 원격교육의 형태는 편지를 이용한 것으로 18세기 초 미국 보스톤의 필립스가 시작한 속기교육 이후부터 시작되었다고 볼 수 있다. 이보다 조직적인 통신교육의 모습은 19세기 중엽 독일에서 시작한 어학 통신교육 강좌에서 비롯되어 스웨덴, 영국, 미국 등으로 전파되면서 발달하였으며, 20세기 초 제1차 세계대전을 전후로 하여 호주, 미국과 캐나다, 프랑스 등에서 통신교육이 전통적인 공교육을 대신하는 형태로 발전하였다.

둘째, 방송을 중심으로 한 대중 전파를 이용한 원격교육(distance education)의 시대이다. 대중 전파매체가 교육의 수단으로 사용되기 시작한 것은 라디오의 경우 1920년 이후부터, 텔레비전의 경우 1937년 이후부터라고 하는데, 본격적으로 원격교육에 이용된 것은 1960년대 이후이다. 특히 1969년 설립된 영국의 개방대학(open university)은 대중매체를 이용한 원격고등교육이 이루어질 수 있는 기초가 되었으며, 이를 본보기로 하여 세계 각 국가들이 방송학교, 개방학습센터, 방송대학, 개방대학의 이름으로 원격교육기관을 설립하게 되었다. 우리나라의 한국방송통신대학2)도 이러한 사례 중 하나이다.

---

1) 원격교육이란 가르치고 배우는 활동들이 다른 장소, 다른 시간에 혹은 같은 시간, 다른 장소에서 매체를 이용하여 일어나는 교육 형태를 의미한다. 또한 원격교육이란 적어도 하나 이상의 적절한 기술적 매체를 수단으로 이용하여 학생과 교수 사이의 물리적 거리를 줄이고자 학생들의 학습을 관리하고 지원함은 물론, 교수자료를 선택하고 교훈적으로 설계하여 개발하려는 계획적이고 체계적인 활동을 의미함.

2) 1972년 3월 9일 한국방송대학설치령(대통령령)에 의해 우리나라 최초의 평생교육기관으로서 서울대학교 부설 한국방송통신이 개교(2년제 초급대학과정 5개과)하였다. 1982년 2월 15일 서울대학교에서 분리 독립하여 현재에 이르고 있음.

셋째, 방송 중심의 대중 전파매체보다 발달된 정보통신기술을 바탕으로 원격교육이 이루어지는 가상교육(virtual·cyber education)의 시대이다. 1986년 힐쯔3)가 '가상수업'이라는 단어를 처음 만들어낸 이후 물리적인 공간이 아닌 가상의 공간에서 같은 시간대 혹은 시간을 초월하여 이루어지는 교육 형태에 대한 관심이 증대하면서 오늘날의 원격교육의 개념이 형성된 것이다.

원격대학 역시 이러한 원격교육 개념의 3단계 발전과정에 대응해서 도입된 고등교육의 한 형태이다. 예를 들면 영국의 원격대학(OU)을 모델로 한 초기의 방송통신대학이 라디오라는 통신매체를 활용하였다가, TV라는 방송매체가 보편화되면서부터는 다시 TV라는 방송매체를 적극적으로 이용하게 된 것이다. 그런데 요즈음에 와서는 첨단매체인 인터넷이 발전하게 되어 다시 이것을 활용하여 학사학위를 줄 수 있는 대학으로 발달하게 된 것이다. 최근 우리나라의 원격대학 역시 이러한 흐름에 힘입은 것이다.

이러한 원격교육의 역사적인 발전과정 속에서 현재의 원격대학 개념을 정의한다면, 광의로는 위 세 단계의 교육 형태를 모두 포함한다고 볼 수 있으며, 협의로는 이러한 세 시기를 거치면서 그 개념적 특성들이 구체화된 세 번째 단계의 원격교육 형태를 바탕으로 이루어지는 교육의 제도적 장치를 원격대학이라 할 수 있다.4)

우리나라에서 원격대학의 개념도 앞에서 살펴본 역사적 발전과정상에서 세 번째 단계의 특징을 반영하는 것이라고 생각한다. 즉, 현행 우

---

3) 1974년 이래 뉴저지과학연구소에 일하고 있는 컴퓨터와 정보과학의 저명한 교수로, 가상교육이라는 단어를 최초로 사용하였다. 저서로는 A field guide to teaching and learning on-line(1995), The virtual classroom: Learning without limits via computer network(1994). The network nation: Human communication via computer(1978) 등이 있음.
4) 김은순, 원격대학의 정착에 관한 연구, 연세대학교 교육대학원 석사학위논문, 2003. 2. 4-5면 참조.

리나라 실정법상에서 규정하고 있는 원격대학은 온라인상의 인터넷 매체를 통하여 교육을 하고, 보조적으로 오프라인에서 하는 대학교육을 의미한다고 볼 수 있다. 다만 원격대학이라고 해서 모든 교육과정을 온라인으로만 하게 되는 경우 교육학적인 입장에서 학습의 동기 부여나 교육 내용에 대한 평가과정인 시험 등에서 문제가 발생할 수 있다는 점에서 기존의 교육과정상에서의 출석수업 등과 같은 보조적 수단이 병행되어야 할 필요성이 지적되고 있다. 이러한 취지에서 현행 우리나라 평생교육법시행령 제36조에서도 원격대학의 수업은 화상강의와 인터넷강의 등으로 하고, 원격수업의 보조방법으로 출석수업을 할 수 있게 규정하고 있다. 외국의 사례에서도 화상강의와 인터넷강의만으로는 원격대학의 교육을 실시하는 대학을 찾아보기란 쉬운 것이 아니다.

본 연구에서 사용되고 있는 원격대학의 개념은 광의의 원격대학이다. 즉, 우리나라의 평생교육법이 규정하고 있는 것과 같이 인터넷 매체를 통한 온라인강의를 중심으로 하는 원격대학을 협의의 개념이라고 한다면, 광의의 원격대학에는 협의의 원격대학과 영국이나 일본 등의 원격대학 그리고 오프라인 대학에서 운영하고 있는 원격학부 등이 포괄되는 의미인 것이다.

이미 앞에서 언급한 것처럼 미국은 원격대학을 활성화시킨 국가라는 점에서 본 연구는 우선 미국 원격대학의 현황에 대한 조사·분석을 중심으로 한다. 미국은 원격대학제도를 교육환경의 변화와 교육 수요에 따라 다양하게 운영하고 있다. 그래서 본 연구에서는 미국의 원격대학을 그 설립목적에 따라 유형을 나누고 있으며, 해당 유형에 따라 대표적인 몇몇 대학을 대상으로 삼았다. 그 다음 원격대학과 유사한 방송통신대학제도를 중심으로 운영하고 있는 몇몇 국가를 연구 대상에 포함하였다. 특히 우리와 인접해 있는 일본은 우리의 관점에서 볼 때 협의의 원격대학보다는 방송통신대학체제로 운영되고 있는데, 일본의 원격대학에 대해서 그 현황을 분석하고 검토한다. 그 외에 영국과 홍콩의 방송통신대학의 현황 분석도 연구의 범위에 포함시킨다.

2) 연구의 내용

본 연구는 해외 원격대학의 현황을 분석하고 검토하는 취지에 맞추어 체계를 구성한다. 이를 위하여 먼저 제1장에서는 해외 원격대학을 연구하는 목적과 필요성에 대하여 정리하고, 연구를 위한 연구 범위와 내용에 대하여 장별로 나누어 간단히 기술한다. 그리고 연구의 전체적인 방법론에 대하여 서술하면서 부분적으로 사용되는 각종의 연구 방법론에 대하여 언급하고, 이어서 연구 결과로부터 도출되는 여러 활용 방안에 대하여 논의한다.

제2장에서는 미국의 원격대학제도의 현황과 체제에 대하여 기술한다. 이 부분에서는 가장 먼저 해외 원격대학의 현황 및 체제 조사·분석이라는 측면에서 교육체제 관련 일반 현황을 다룬다. 특히 미국 원격대학의 현황과 체제를 서술하는 데 있어서 미국의 고등교육기관이 인터넷 등을 이용한 원격교육을 제공하는 유형은 다양하기 때문에 여러 가지 기준에 의하여 유형화하여 정리한다. 이 경우 학위의 종류를 기준으로 하면 준학사과정, 학사과정, 석사과정과 박사과정으로 분류할 수 있다. 그리고 이러한 온라인 학위과정을 제공하는 원격대학의 성격을 중심으로 분류하면 크게 다음과 같이 3가지로 유형화할 수 있다. 첫번째 유형은 일반대학에서 일부 교육과정을 상호작용하는 TV나 인터넷 등 온라인 네트워크를 이용하여 제공하는 형태이다. 이 형태는 인터넷이 세계적인 통신매체로 이용되기 시작한 1990년대 중반 이후 각 대학마다 교육프로그램의 형식으로 경쟁적으로 개설되었다. 두 번째 유형은 전통적인 캠퍼스를 바탕으로 한 일반대학이 별도로 정보통

신기술을 도입하여 전 과정을 가상공간에서 제공하는 별도의 원격대학을 운영하는 형태이다. 이 경우는 기존 대학의 교육과정이나 교수 및 행정자원 등을 적극 활용하고 있는데, 기존의 캠퍼스를 그대로 존속시키면서 분교 형식의 가상캠퍼스를 설립하는 것이다. 세 번째 유형은 정보사회에서 평생학습의 실현이라는 교육 패러다임 속에서 새롭게 원격대학을 설립하는 형태이다.

제3장에서는 우리나라의 방송통신대학과 유사한 형태로 운영되고 있는 일본, 영국, 홍콩의 원격대학에 대하여 현황과 체제에 관하여 교육 체제와 관련하여 개괄적으로 살펴보고 그 시사점을 도출한다.

제4장에서는 먼저 현재 우리나라의 원격대학에 현황에 대하여 개관한 후, 이어서 우리나라와 외국 원격대학 간 교수, 학습 서비스 및 만족도에 대한 인식 조사 등에 대하여 기술하였다.

마지막으로 제5장에서는 앞에서 기술한 내용을 토대로 한 분석 결과에서 해외 원격대학이 우리나라 원격대학의 발전을 위하여 어떤 시사점을 던져주고 있는지 기술하면서 우리나라 원격대학이 앞으로 나아가야 할 방향을 제시하였다.

이상의 연구내용을 좀 더 부분별로 구체적으로 제시하면 다음과 같다.

(1) 미국의 주요 원격대학 현황 분석

미국의 원격대학 관련 법제에 관하여 자료를 정리하고, 이를 바탕으로 한 정책에의 영향력을 정리한다. 구체적으로 미국의 주요 원격대학의 유형에 대한 분석 및 평가를 한다. 이상의 유형에서 나타나는 교육 서비스의 제 특성을 비교·분석하는 데 있어서는 학점 인정 단위, 학위의 인정 여부 및 대외적 인지도, 학위 취득에 소요되는 비용 및 시간 등을 중심으로 진행한다.

(2) 미국 이외의 국가에 있어 원격대학 현황 분석

먼저 우리의 방송통신대학교와 동일한 형태를 운영하고 있으면서 일반대학교에 원격학부를 두고 방송·통신을 통한 교육을 할 수 있도록 허용하고 있는 일본의 원격학부에 대한 현황을 분석한다. 다음으로는 영국의 원격대학(OU: Open University), 홍콩 원격대학(OUHK)에 대해 정리한다. 다만, 여기에서는 현재 우리나라 평생교육법에서 규정하고 있는 원격대학과는 엄밀한 관점에서 차이가 있는 관계로 간단히 조사·분석한다.

(3) 해외 원격대학과 우리나라 원격대학 간 교육서비스의 제 특성 비교·분석

교육서비스의 모습에 대한 비교·분석에서는 학점 인정 단위, 학위의 인정 여부 및 대외적 인지도, 학위 취득에 소요되는 비용 및 시간, 재교육 및 직업능력 개발에의 활용도 등을 중심으로 하고, 교수 학습 서비스에 대하여 조사한다.

(4) 해외 원격대학의 학위 취득 현황 및 체제 조사·분석

전체 고등교육 학위 대비, 원격대학 학위 수여 비율 조사 등에 대해서는 미국의 연방통계청사이트(http://www.fedstats.gov/)와 연구대상이 되는 대학교가 소재하는 주의 통계청 사이트 및 해당 대학의 홈페이지를 이용하여 최대한 자료검색을 하여 관련 자료를 수집 및 조사·분석한다.

(5) 해외 원격대학에 등록한 우리나라 학생의 현황 및 졸업생 조사

세계 각국 3만 명 이상의 등록생을 보유하고 있는 미국의 피닉스대학 및 이와 유사한 형태의 미국의 원격대학에 등록한 우리나라 학생의 현황을 파악한다. 미국은 프라이버시법에 의하여 개인정보가 철저히 보호되고 있는 국가라는 점에서 우리나라 학생의 개인정보에 근거한 개별 분석보다는 일반 현황을 파악하는 선에서 검토한다. 특히 여기서는 대구 사이버대학교를 통하여 미국 노바대학교에 재학하고 있는 학생들의 원격대학에 대한 만족도를 추가적으로 조사하여 정리한다.

3. 연구 방법

본 연구는 해외 원격대학의 현황을 조사하고 분석하기 위하여, 우선 미국을 중심으로 하되 일본, 영국과 홍콩의 원격대학들도 함께 그 대상으로 하여 교육현황과 체제를 조사하고 정리한다. 정리된 내용을 분석하여 우리나라 원격대학에 주는 시사점을 도출해내어 결론에 도달한다는 점에서 귀납적 연구방법론을 기본적으로 적용하였다.

본 연구는 해외 원격대학의 현황을 구체적으로 조사하기 위하여 연구조사에 있어서 여러 방법을 사용한다. 본 연구를 진행하기 위한 방법으로 탐색조사를 실시하고자 하였다. 연구조사방법은 크게 3가지 방법으로 수행되어졌다. 즉, 문헌조사, 전문가의견조사, 현황조사를 실시하였다.

1) 문헌조사

현재 해외 원격대학과 관련된 현황 및 내용을 다양한 학술지, 통계 자료집, 각종 해외 원격대학 자료집 등을 이용하여 조사하였다. 특히 해외 원격대학은 매우 다양한 형태로 존재하고 있기 때문에 가급적 다양한 자료집 등의 문헌을 통해서 해외 원격대학에 대한 내용을 다각적으로 파악하고자 하였다. 이와 같은 문헌조사를 실시하지 않을 경우에는 해외 원격대학에 대한 전반적이고도 기본적인 이해를 하기 어렵기 때문이다.

2) 전문가 의견조사

해외 원격대학에 대해 전문적인 견해와 경험을 가지고 있는 전문가들로부터 인터뷰 방식을 통해 전문가 의견조사를 실시하였다. 특히 전문가 의견조사를 통한 정보를 정리하는 데 있어서는 문헌조사방법론을 병행하였다. 그리고 연구 진행과정에서 수차례의 공식·비공식적 방법을 통해 전문가들로부터 해외 원격대학과 관련된 여러 가지 견해를 듣고 참조하였다.

3) 현황조사

현재 운영되고 있는 해외 원격대학의 현황과 체제 분석을 위하여 다양한 방법을 사용하였다. 특히 심도 있는 분석을 위하여 경험적 조사방법론을 사용하였다. 이를 위하여 해외 원격대학에 재학하는 학생이나 졸업생에 대하여 조사하였다. 이 조사는 그들이 갖고 있는 경험과 지식을 활용함으로써 현황을 좀 더 명확하게 분석할 수 있다는 점에서 필요하다. 해외 원격대학에 등록한 한국 학생들에 대한 조사는 다음의 방법에 의하였다.

(1) 현황 기초 통계: 외국 원격대학 등록 학생 수 조사

해외 각 국가들의 대학 본부(교무과 등)에 한국 학생 등록인원 수에 대한 자료 요청 공문을 발송하였다. 그러나 이와 관련하여 해당 대학들은 개개인의 신상 정보를 제공해주지 않았다. 따라서 본 연구에서는 해당 홈페이지에 있는 공식적인 전체 통계자료를 인용하는 수준에 그치고 있다. 이 또한 학교마다 공개하는 수준에 많은 차이가 있는 것이 사실이다.

(2) 원격대학 재학생·졸업생들의 해외 원격대학에 대한 만족도 인식 조사

원격대학에 대한 만족도를 조사하기 위하여 먼저 원격대학의 재학생, 혹은 졸업생의 연락처를 확보하고자 하였다. 이를 위하여 국내 대기업의 인사 담당자들을 통해서 해당 기업에 지원한 해외 원격대학 출신 학생들의 연락처를 확보하고, 국내 원격대학 학생 중 해외 원격대학 등록 여부를 파악하여 학생 연락처를 확보하고자 하였다. 그러나 이에 대한 조사는 우리나라에 진입한 해외 원격대학이나 대행업체를 통하여 진입한 학교들이 대부분 폐쇄되었고,[5] 미국의 원격대학에 재학하고 있는 우리나라 학생들을 접촉하는 것이나 그에 대한 자료의 신뢰성에도

---

[5] 최근 미국 스탠퍼드 대학 영재교육원의 영재 교육프로그램을 원격으로 제공받기로 한 강남구청의 원격교육원도 폐쇄됨.

문제가 있어서 본 연구에서는 미국의 노바대학교에 재학하고 있는 학생들에 대한 만족도 조사에 치중하였다.[6) 조사방법은 이메일 조사와 인터뷰를 실시하였다.

4) 연구의 제한점

본 연구에 있어서 설문조사 등의 경험적 조사방법의 적용은 현실적인 문제로 인하여 많은 제한을 받았다. 특히 이 부분에서의 한계는 해외 원격대학 졸업생에 대한 국내 기업의 인지도 관련 조사에서 나타났다. 국내 기업의 인사 담당자에 대한 서베이 실시를 위해 국내 기업의 인사 담당자들이 해외 원격대학을 졸업한 한국 학생들에 대한 채용 시에 주요하게 보는 요소 및 평가 기준 등에 대한 설문조사를 실시하였으나 이에 대한 응답이 없었고, 이에 대한 차선책으로 30대 대기업 인사 담당자 18인에게 이메일로 설문조사를 다시 실시하였다. 그렇지만 이에 대한 졸업생들에 대한 표준집단이 구성이 못함으로 인하여 이에 대한 국내 기업의 인지도 관련 조사는 한계가 있었음을 밝힌다.[7)

---

6) 대구사이버대학교와 협약을 체결한 미국의 노바대학의 재학들에게 연락하여 통계조사의 기본 표본수인 원격대학 재학생·졸업생 30명에 대한 연락처를 확보하여 설문지를 배부하였으나, 만족도 설문조사지가 회수된 것은 9명이며 포커스 인터뷰는 2명만 실시함.

7) 그러나 이에 대해서 비공식적으로 매경 아카데미에서 운영하였던 해외 외국대학(미시간 대학)의 MBA과정은 미국과 같이 운영이 되었고, 이에 대한 국내 기업의 인지도 또한 미국에서 진학한 학생들과 대등하게 처우를 받는 것으로 조사되었다. 그리고 비공식적인 자료이기는 하지만 미국의 원격대학들은 우리나라의 원격대학들과는 상당히 차이를 갖고 운영되고 있었고, 현재 미국의 원격대학들은 우리나라의 오프라인 대학과 온라인 대학의 특성을 모두 갖추어 운영함.

Ⅱ. # 해외 원격대학의 체제 및 특성

1. 미국의 원격대학

미국에서 원격대학은 고등교육기관으로서의 역할을 꾸준하게 증가시키고 있다. 그것은 많은 사람들이 원격교육이 미래의 교육훈련 체계에서 중요한 역할을 차지할 것이며, 세계의 교육문제 해결을 위한 가능성 있는 대안 중 하나가 될 것이라는 지적과 무관하지 않다. 그럼에도 불구하고 원격교육을 위한 재정투자는 국가별로 차이는 있지만 그다지 활발한 것 같지는 않다.8) 국가마다 그 내밀한 사정이야 다르겠지만, 이는 각국 정부가 재정지원보다는 원격교육을 담당하는 교육기관, 즉 원격대학의 사설기관화와 경영다각화라는 시각에서 문제의 해결점을 찾으려는 추세에 기인한다고 생각한다. 이러한 상황은 미국의 경우도 다르지 않은데, 전통적인 교육분야와는 달리 원격교육 분야에서 시장논리나 소비자 지향논리가 강조되고 있고, 원격대학을 통한 고등교육기관의 조직 및 구조적 혁신이 오히려 관심의 대상이 되고 있다.

---

8) 우리나라의 경우도 평생교육기관으로서 원격교육의 형태로 학사 또는 전문 학사를 부여하는 원격대학에 대한 교육인적자원부의 재정적 지원의 정도가 연간 5억여 원밖에 되지 않음에 비추어 17개의 원격대학이 있는 현실에 비추어 그 투자 내지 지원의 정도가 매우 미약함.

현재 미국에서의 고등교육기관의 개혁은 발전된 정보기술을 통한 대학의 수용능력 확대, 대학원교육의 활성화, 평생교육체제의 확대, 원격교육체제의 확립, 대학교육의 세계화를 추구하는 방향으로 진행하고 있다. 그리고 일반대학도 이러한 추세에 부응하여 인문사회과학과 관련한 학문분야에서 직업적 전문성을 띠는 프로그램들을 개설하고, 원격교육 프로그램 설치 및 기업과의 제휴를 통한 보다 개별화·차별화된 교육 프로그램으로 새로운 시장을 개척해나가고 있는 추세이다.[9]

미국에서의 이러한 경향은 세계 각국에 영향을 미쳤다. 개별 국가마다 정도의 차이는 있지만 기존의 교실수업에서 벗어나 융통성 있는 교육방식에 대한 사회적 요구의 증대, 현대인들이 정보화 사회에서 생존할 수 있도록 하기 위한 지속적인 재교육의 필요성과 평생교육에 대한 욕구충족을 위한 새로운 교육방식을 모색하고 있다. 그 대안으로 주된 관심의 대상이 되고 있는 것이 바로 정보통신기술을 바탕으로 하는 고등교육기관으로서의 원격대학이다.

우리나라도 이러한 세계적인 추세에 부응하기 위하여 평생교육법에 법적 근거를 마련하여 이른바 원격대학을 설치·운영하고 있다. 우리나라의 원격대학은 2000년 교육인적자원부의 설립인가를 받은 8개 대학이 2001년에 개교한 이래 현재 17개의 원격대학인 설치·운영되고 있다. 비록 6년여라는 짧은 역사 속에서 부정적인 현상도 적지 않게 지

---

9) 미국 원격대학의 운영 목적을 살펴보면 미국에서 4년제 대학의 교육목표는 사회의 지성인이 되기 위한 교양교육을 함양하는 것을 필수로 하는 데 반해, 2년제 칼리지와 원격대학은 구직을 위한 교육기능을 주요 목적으로 하고 있음. 또한 원격대학의 목적은 구직뿐 아니라 이미 재직하고 있는 직장인이나 전문인력에게 좀 더 향상된 전문교육의 기회를 제공함으로써 발전적이고 전향적인 경력을 쌓게 하는 사회적 기능을 가지고 있음. 대부분 커리어 교육법인, 즉 고등교육분야에서 세계적으로 가장 크고 빠른 속도록 성장한 법인으로 미국, 캐나다, 영국 아랍 에미리트에 82개의 학교와 대학이 연결된 캠퍼스가 존재함. 특히 시각-커뮤니케이션과 테크놀로지, 정보공학, 경영학, 요리법, 건강관리 등 5개 분야의 학부를 비롯하여 석사과정, 박사과정, 기타 관련 프로그램 제공을 주로 하고 있으며 나스닥에 CEDO로 상장됨.

적되었지만, 기성인들의 재교육과 평생교육이라는 본래의 설립목적에 충실을 기하기 위하여 개별 대학마다 많은 노력이 경주되고 있다. 이러한 상황에서 외국에서의 원격교육의 현황과 실태를 살펴보는 것은 앞으로 우리나라의 원격대학이 교육시장의 개방으로 외국의 교육기관과 경쟁을 함에 있어 비교우위를 차지하기 위한 기초 자료로서의 의미가 있다고 생각한다.

여기서는 이미 오래전부터 정보통신기술을 바탕으로 활발하게 원격교육을 실시하여 왔고, 원격교육에서 선도자 역할을 수행하고 있는 미국에서의 동향과 발전현황을 알아보기로 한다.

1) 미국의 원격대학의 발전과정 및 현황

(1) 미국의 원격교육 발전과정

미국의 교육제도는 중앙의 교육행정기관을 통해 교육을 형성하고 규제하는 대부분의 국가들과는 다르다. 그것은 미국이 독립할 당시 국가형태에 관한 논의과정 속에서 연방국가의 형태를 취한 역사적 특성으로 인하여 역사적으로 교육관련 권한은 헌법상 개별 주에 유보된 권한의 하나로 인식되고 있기 때문이다. 따라서 교육은 기본적으로 지역의 시설에 의해 수행되는 기능이고, 그 결과 개개의 주는 그 경계선 내에서 운영하는 교육시설의 규제를 위한 실정법적 틀을 만들어 운영하였다. 이 때문에 그 교육시설은 주정부 관할하의 육체적 등교가 가능한 범위로 한정되었고, 일반적으로 캠퍼스로 불리는 특정 장소에 학생들을 모아서 교육하는 시설과 개념을 같이하고 있다.

이러한 상황에도 불구하고 미국에서도 원격교육의 형식은 일찍부터

존재했었다. 이는 미국의 여건상 넓은 지역에 분산되어 있는 학생들에
대한 교육을 제공하는 수단 혹은 장애아동 등에 대한 학교교육을 보완
하는 수단 및 성인들이 필요로 하는 직업 능력을 향상시키기 위한 수
단이 필요했기 때문이다. 이러한 원격교육의 형태는 시기별로 정보통신
기술의 발전과정에 따라 크게 4단계로 나누어 설명하고 있다. 1세대는
1800년대의 우편제도에 기반을 둔 농촌의 농부들에 대한 농업교육의
시기, 제2세대는 텔레비전을 매개로 원하는 사람이면 누구나 가정에서
교육 기회를 제공받을 수 있는 시기, 제3세대는 1980년대 후반 대학
(colleges and universities)들이 산발적으로 online과정을 제공하기 시작
한 시기로 현재의 원격대학으로 탄생하기 위한 실험의 시기였다. 그리
고 20세기 말에 들어서면서 완전한 가상의 학습프로그램을 도입하는
제4세대가 그것이다.[10)

　현재 미국에서의 원격교육(distance education)은 제4세대에 속하
는 것이며, World Wide Web이 상업적으로 보편화되면서 함께 보
편화되기 시작했다. 이는 원격교육을 통한 고등교육이 하나의 사업
영역으로서 상업적 이익에 대한 관심이 증대하면서 더욱 커지는 계
기가 되었기 때문이며, 이를 가속화시키는 계기가 된 것이 바로 사
립 가상대학인 피닉스 대학(University of Phoenix)이 1992년 3만여
명의 입학생을 받았던 것이 1999년에는 6만여 명으로 증가했다는 보
도가 있은 후부터라고 한다.

　미국에서의 이러한 현상은 먼저 1970년대부터 불기 시작한 통신혁명
과 관련하여 미국 전역에 교육과 정보를 공유하기 위한 노력이 경주되었
으며, 이를 위하여 미국의 교육기관과 통신(전화)회사 또는 원격통신 장
비회사와의 제휴가 성사되면서부터이다. 그 후 종합정보통신망(integrated
services digital network: ISDN)이 보급되면서 본격적인 원격교육을 실

---

10) Peter J. Dirr, Distance and Virtual Learning in the United States, pp.23~25 참
　　조.

시할 수 있는 기반이 마련되었다. 종합정보통신망은 원격교육용 네트워크에 사용자가 비용-효과적(cost-effective)으로 연결할 수 있는 환경을 제공하는 것이다. 이는 기존의 구리선을 바탕으로 하는 통신기술, 새로운 위성기술, 광섬유를 통한 통신기술을 통합한 네트워크이기 때문에 이전의 원격교육 시스템과 함께 새로운 디지털 멀티미디어 네트워크를 이용한 원격회의, 텔레비전 방송, Instructional Television Fixed Service(ITFS), 컴퓨터회의를 가능하게 했다. 이러한 종합 정보통신망의 보급으로 1987년경에 10여 개의 주들이 원격교육에 관심을 보이기 시작했고, 현재는 약 45개의 주가 그 경계선을 초월하여 원격교육프로그램을 공유하는 기반이 되고 있으며, 심지어 국경을 초월하여 원격교육프로그램을 공유하고 있는 경우도 있다(Doan, 1991; Lowery, 1991).

그리고 미국은 지역적 특성에 따라 원격통신과 관련된 정책을 바탕으로 원격교육을 위한 네트워크의 구축이 진행되어 왔다. 이를 살펴보면 다음과 같다.

먼저 알래스카(Alaska) 주의 경우처럼 지정학적 여건을 이유로 일찍부터 원격교육을 위한 네트워크의 구축이 이루어진 사례이다. 알래스카(Alaska) 주는 19세기 중반 러시아로부터 미국의 영역으로 편입한 후 수십 년간 방치를 하였다. 그 후 20세기 초 골드러시로 알라스카에 대한 관심이 미국 전역에 확산되면서 이 지역의 교육제도 모습에 대한 기본적인 틀로써 1936년 원격교육의 필요성이 언급되었다. 알래스카(Alaska) 주는 지정학적 여건을 감안하여 위성을 이용한 원격교육이 검토되었고, 1970년대 초반 The Applied Technology Satellite(ATS)를 설치하여 알래스카의 26개 지방단체에 음성과 데이터를 전달하는 시스템으로 활용하였다.

그리고 웨스트버지니아(West Virginia) 주의 경우는 원격교육이 자원공유를 위한 잠재성이 크다는 것을 판단하여 교육관계자, 산업계, 주정부가 협력하여 1980년대 경기침체로 인한 교육자원의 고갈을 극

복한 대표적인 예이다. 이를 위해 구축된 것이 the Share-Ed Video Network이며, 이는 디지털기술과 광섬유통신기술을 바탕으로 한 양방향의 full motion interactive video 네트워크로 오클라호마(Oklahoma)의 학교와 Panhandle State University를 연결하여 학교 간의 자원 공유, 지역공동체의 야간 성인교육과 대학의 학부교육을 가능하게 하였다.

오리건 주의 경우는 주정부가 주도적으로 원격교육 인프라를 구축한 대표적인 예이다. 1990년에 Ed-Net을 주정부 차원에서 구축하여 거주자들에게 공정한 교육서비스를 제공하고 있다. 이는 크게 세 개의 네트워크 기술 시스템, 즉 첫 번째 네트워크는 주 전체의 130개 사이트에 칼라의 단방향 full motion 비디오와 양방향 오디오 네트워크 프로그램을 전달하기 위한 것이다. 두 번째 네트워크는 43개의 사이트에 30개의 음성 채널을 제공하는 위성 기반의 압축 비디오 네트워크를 기반으로 하는 것이다. 이러한 시스템은 다른 주에서 원격교육 프로그램을 계획·추진함에 있어 모방의 대상이 되기도 하였다고 한다(Hezel, 1991; Root, 1992).

마지막으로 노스다코타 & 사우스다코타(North and South Dakota) 주의 경우는 별도의 조직을 만들어 원격교육을 계획, 추진, 통제하고 있는 대표적인 예이다. 노스타코타(North Dakota)의 입법부는 1969년 교육방송시설의 설립을 권장하기 위해 교육방송위원회를 만들었고, 1989년 The Educational Telecommunica-tions Council(ETC)을 설립하여 교육용 원격통신 프로그램과 시스템을 개발하는 데 필요한 수요 조사와 자원 등을 관리할 수 있는 권한을 부여하였다. 그리고 South Dakota는 1990년대 후반 The Governor's Telecommunications Task Force를 설립하여 시골지역의 원격통신 네트워크의 개발을 담당하게 했다. 여기서는 현재의 지역 하드웨어 네트워크를 방해하지 않으면서 양방향 화상회의, 단방향 텔레비전방송, 지리적 제한 없는 무제한의 확장성을 요구하는 네트워크의 필요성을 인식하여 오리건(Oregon) 주의 네트워크를 채택하여 수정하였다.

이와 같이 미국에서는 정보통신기술의 발전에 따른 원격교육의 기반 시설인 네트워크의 확충에 그 초점을 맞추어 진행을 하고 있다. 따라서 통신기술의 발전과 원격교육과는 상호불가분의 관계를 맺고 있다.

(2) 미국 원격교육의 현재 및 학위 현황

이미 살펴본 것처럼 미국의 원격교육은 넓은 지역에 분산되어 있는 학생들에 대한 교육을 제공하는 수단, 장애아동 등에 대한 학교교육을 보완하는 수단 및 성인들에 대하여 필요한 직업 능력을 향상시키기 위한 수단으로서 기여해 왔다. 그리고 미국은 1998년 고등교육법을 개정하여 연방차원에서 원격교육시연프로그램(Distance education demonstration programs)을 도입하였다. 이는 원격교육을 기존 교육의 대안으로써 온라인 프로그램의 품질을 실험하고, 이 대안이 성공하기 위한 데이터를 수집함으로써 의회에 변화된 교육환경과 관련한 권고안을 제시하기 위하여 채택된 것이다.11) 이에 따르면 원격교육이란 교수 집단과 학생 상호 간에 시간 또는 장소의 분리를 특징으로 하는 교육과정을 의미하며, 여기에 사용되는 매체로는 텔레비전·오디오 또는 컴퓨터를 통한 전달(공중파방송, 폐쇄회로, 케이블, 극초단파 또는 위성전송), 오디오 또는 컴퓨터회의, 비디오테이프나 디스크, 우편통신을 규정하고 있다.12) 이러한 원격교육을 제공하는 고등교육기관을 원격대학이라고 할 수 있는데, 그 유형은 독립적인 원격교육 기관을 설립하기보다는 기존의 대학과 지역의 개방 교육기관, 기업, 방송사, 각종 컨소시엄 등 다양한 형태로 나타나고 있다.

이러한 규정을 바탕으로 하여 미국에서 원격교육은 중등과정 후 교육(post-secondary education)과정에 진학하려는 학생 인구의 변화 및

---

11) The legacy of the one-room schoolhouse is holding back the potential of the one-world classroom(http://interact.hpcnet.org/webcommission/Regulations.htm) 참조.
12) 20 USC 1093(h) "Distance education" defined. 참조.

교육비 절감의 필요성에 부응하기 위하여 고등교육기관들이 교육의 수단으로 채택하고 있다. 특히 고등정보통신기술과 컴퓨터기술의 접목, 정보통신망인 인터넷은 미국에서 의사소통은 물론 교육의 중요한 수단으로 자리잡고 있다.

미국의 고등교육기관이 인터넷 등을 이용한 원격교육을 제공하는 유형은 여러 가지 기준으로 유형화할 수 있다. 여기서는 elerners.com이라는 온라인교육을 위한 사이트에서 제공하고 있는 정보를 기준으로 살펴보기로 한다.

먼저 학위의 종류를 기준으로 분류하면 아래의 <표 Ⅱ-1>에서 보는 바와 같이 준학사과정은 33개 대학에서 191개 과정을 제공하고 있고, 학사과정은 55개 대학에서 595개 과정을 제공하고 있다. 석사과정은 62개 대학에서 720개의 과정을 제공하고 있으며, 박사과정은 9개 대학에서 189개 과정을 제공하고 있다. 이러한 현황으로 비추어 볼 때 미국에서 원격대학 혹은 원격교육을 매개로 한 교육과정은 성인의 이미 학사과정의 고등교육을 마친 직장인을 대상으로 재교육 내지 전문교육을 활성화하기 위한 석사학위과정이 가장 많은 비중을 차지하고 있고, 다음으로 학사학위를 취득하는 과정이 개설되어 있음을 알 수 있다.

<표 Ⅱ-1> 미국의 학위종류별 원격대학 현황

	과정수	대학수	대표적인 예
준학사 과정	191	33	Associate of Arts in Criminal Justice by Axia College of University of Phoenix Associate of Arts in General Studies by University of Phoenix Associate in Arts in Accounting by Strayer Univer-sity Associate-Graphic Design and Multimedia by West-wood College Online

	과정 수	대 학 수	대표적인 예
학사 과정	595	55	Bachelor of Science in Criminal Justice Administra-tion by University of Phoenix Bachelors in Information Technology by DeVry Uni-versity BA Business Administration-Accounting by Saint Leo University Bachelor of Science(BS) in Information Technology-Project Management by Capella University
석사 과정	720	62	Master of Business Administration(M.B.A.) by Wal-den University Master of Health Administration by University of Phoenix Master of Science in Nursing by University of Phoenix MBA in Marketing by Regis University
박사 과정	189	9	Ph. D. in Public Health by Walden University Doctor of Philosophy(Ph.D) in Human Services-General Human Services by Capella University

출처: http://www.elearners.com. 참조.

　그리고 학위과정별 영역은 위의 사이트에서 제시하고 있는 내용을 정리해 보면 크게 대영역으로 예술과 인문, 경영, 컴퓨터와 IT, 교육, 보건, 과학과 기술, 무역 등으로 분류하고 있고, 영역마다 세부적인 영역으로 나누어진다. 그리고 학위과정에 따라서 개설 여부에 약간 차이가 나타나고 있기는 하지만 큰 차이를 보이지는 않는다. 그 대영역의 부분과 세부내용은 다음의 <표 Ⅱ-2>와 같다.

<표 Ⅱ-2> 미국 원격대학의 학위과정

대영역	개별 영역
Arts & Humanities	Communications, Humanities, Music, Religion
Business & MBA	Accounting, Business Administration and MBA, Busi-ness Commu-nications, Business Information Systems, Business Leadership, eBusiness and e-Commerce, Economics, Finance, Hotel and Hospitality Manage-ment, Human Resources, International Business, Management, Marketing, Organizational Manage-ment, Project Management, Risk Management, Small Business Management
Computers & I.T.	Computer Science and Engineering, Computer Secu-rity, Databases, Information Systems, Information Technology, Internet, Networks, Programming, Soft-ware Engineering, Technology Management, Telecom-munications, Web Development
Education & Teaching	Adult and Higher Education, Curriculum and Instruc-tion, Distance Education, Early Childhood Education, Educational Administration, Educational Leadership, Educational Technology, General Edu-cation, K12 Edu-cation, Library and Resource Management, Special Education, Training
Health & Medicine	Counseling, Health Administration, Health Services, Human Services, Medical and Dental, Nursing, Physi-cal Therapy, Psycho-logy, Public Health
Science & Engineering	Engineering, Engineering Management, Mathemat-ics, Science
Social Sciences	Criminal Justice, History, Homeland Security, Law, Political Science, Public Administration, Public Safety

출처: http://www.elearners.com. 참조.

위의 표에서 나타난 바를 살펴보면 이들 영역은 우리의 학문분류와 조금 차이가 있어 직접적인 평가를 하기는 어려우나 일반적으로 보면 거의 대부분이 우리나라의 원격대학에서 학과 혹은 전공으로 개설하고 있는 부분과 상당히 중첩되고 있다. 다만 우리의 경우와 달리 개별 영역이 좀 더 세분화되어 있다는 점이 특징적이다. 그리고 더 나아가 건강 관련 의학과 밀접한 분야도 원격대학이나 원격교육과정을 통해서 이수할 수 있도록 그 과정을 개설하고 있는 경우가 많다는 점이다. 이들 과정의 경우는 수업료에서 다른 일반 과정에 비해 높게 책정하고 있다는 점에서 실습과정이나 비디오테이프와 같은 교육용자료의 추가적인 제공을 통해 교육과정이 진행되고 있는 것 같다.

그리고 이러한 영역별 교육과정은 모두 미국 연방교육부의 승인을 받은 인증기관에 의해 인증을 받은 과정들이다. 이러한 online과정을 통하여 2002~2003년도 학사학위 취득자는 모두 1,349,000명이며, 그중 경영[Business(294,000)], 사회과학[Social sciences(143,000)], 교육[Education(106,000)] 분야 등에서의 학위 취득자가 배출되었다. 그리고 석사학위의 경우는 같은 기간 동안 모두 512,645명이 학위를 취득하였으며, 그중 Education(147,448), Business(127,545), Health(42,715) 분야에서의 학위 취득자가 다수 배출되었다.

(3) 원격교육을 제공하는 대학의 유형

이러한 온라인 학위과정을 제공하는 원격대학은 성격을 중심으로 분류하면 크게 다음과 같은 3가지로 유형화할 수 있다.

첫째 유형은 일반대학에서 일부 교육과정을 상호작용 TV나 인터넷 등 온라인 네트워크를 이용하여 제공하는 형태이다. 이 형태는 인터넷이 세계적인 통신매체로 이용되기 시작한 1990년대 중반 이후 각 대학마다 교육프로그램의 형식으로 경쟁적으로 개설되었다. 구체적으로 이 형태는 ① TV나 전통적인 원격교육의 방식을 수업형태로 유지하면서 전자우편, 전자토론방 등을 이용한 교수-학생 간의 상호작용의 기회를 확대하는 방식, ② 교수가 교실수업과 같은 형태로 비실시간 수업을 제공하는 방식, ③ 인터넷을 이용하여 방대한 데이터베이스를 적극 활용하는 방식, ④ 다중 사용자 공간(Multi-User Dungeons: MUD)·다중 사용자용 객체지향환경프로그램

(Multi-user Object Oriented environment: MOO) 등을 이용하여 실시간 토론으로 상호작용을 강화한 방식 등이 있다. 이 범주에 해당하는 원격대학 으로는 미네소타 대학의 성인교육 프로그램, 캘리포니아 주립대학의 온라 인 프로그램, 네브래스카 링컨대학의 원격교육 프로그램 등이 있다.

둘째 유형은 전통적인 캠퍼스를 바탕으로 한 일반대학이 별도로 정보 통신기술을 도입하여 전 과정을 가상공간에서 제공하는 별도의 원격대학 을 운영하는 형태이다. 이 경우는 기존 대학의 교육과정이나 교수 및 행 정자원 등을 적극 활용하고 있는데, 결국 기존의 캠퍼스를 그대로 존속시 키면서 분교 형식의 가상캠퍼스를 설립하는 것이다. 이 범주에 해당하는 대표적인 원격대학으로는 피닉스대학의 온라인 캠퍼스를 들 수 있다.

셋째 유형은 정보사회에서 평생학습의 실현이라는 교육 패러다임 속 에서 새롭게 원격대학을 설립하는 형태이다. 이 범주에 해당하는 원격 교육프로그램으로는 미국 서부주지사 대학 등이 있다. 특히 서부주지사 대학의 경우는 서부주지사협회의 회원인 주정부들이 연합형태로 설립한 순수 원격대학이라는 특징을 가지고 있다.

(4) 우리나라 원격대학 유형과의 비교

이상에서 살펴본 미국의 원격교육을 제공하는 대학의 형태와 비교할 때 우리나라의 원격대학 및 원격교육을 제공하는 대학의 유형은 어떤 것들이 있는지를 살펴보기로 한다. 다만 이 부분에서 유의해야 할 점은 미국과 우리나라 대학의 설립 방식 등 법제도상의 차이가 크기 때문에 이를 단순 외형적으로 이해하기에는 어려움이 있다는 점을 전제로 하 면서 외형적인 유사점을 기준으로 한다면 다음과 같이 분류할 수 있다.

첫째 유형에 해당하는 대표적인 사례로는 숙명여자대학교를 들 수 있다. 즉, 숙명여자대학교는 2001년 사이버 캠퍼스를 구축하기 위하여 가상교육센터를 발족한 후 새로운 학습 콘텐츠의 개발, 안정적인 사이버학습 시스템의 구축을 통해 원격교육을 제공하고 있는바, 이것이 첫 유형의 대표적인 모습이라 할 수 있다. 그리고 더 나아가 숙명여자대학교의 경우는 원격대학원의 설립인가를 받아 5개의 전공도 운영하고 있다. 이러한 선례를 따라 다른 대학교에서도 사이버강좌의 형태로 일부 교양과목 등을 제공하는 경우가 많다.

둘째 유형과 비슷한 것으로는 한양대학교와 한양사이버대학교, 경희대학교와 경희사이버대학교 등의 형태로 일반대학교와 원격대학이 함께 설립되어 운영되는 형식이다. 다만 이들의 경우는 각각 독자적으로 설립과정을 거쳤고, 각각의 대학이 독자적인 학위를 수여하기 때문에 단순한 분교의 형식은 아니라고 하는 점에서 다소 차이가 있다. 이들 대학들은 일반대학교와 원격대학 간의 학점 교류를 일부 인정하여 사이버강좌와 일반대학교의 강의를 수강할 수 있도록 허용하고 있는 점이 특징이다.

셋째 유형에 해당하는 것으로는 서울사이버대학교나 서울디지털대학교와 같이 순수한 원격대학의 형태가 있으며, 미국의 서부주지사대학교와 같이 일정한 회원들을 전제로 한 형태로 한국디지털대학교나 한국사이버대학교 등과 같이 일반대학교들이 연합체를 구성하여 설립한 경우가 여기에 해당한다.

2) 대학 운영방식에 따른 원격대학의 유형 및 특성

(1) 일반대학에서 온라인으로 교육과정을 제공하는 형태

미국의 경우 일반적인 고등교육기관에서 일부의 교육과정을 온라인 네트워크를 이용하여 학생들에게 제공하는 유형은 오래전부터 계속 교육학부 또는 성인교육학부 중심의 학교기관 형태로 설치·운영되어 왔다. 그리고 최근 정보통신기술의 발달과 함께 성인을 위한 가상수업으로 발전시켜 왔다는 점에서 인터넷 등 컴퓨터를 매개로 하는 통신을 통하여 가상수업을 하는 형태가 가장 보편화된 모습이라고 할 수 있다. 아래에서 대표적인 예에 해당하는 미네소타대학의 성인교육 프로그램, 네브라스카 링컨 대학의 원격교육 프로그램, 캘리포니아 주립대학의 온라인 프로그램 등에 관해서 살펴보기로 한다.

① 미네소타대학의 성인계속교육 및 원격교육센터[13]

a. 개 요

미네소타대학교의 University College(이하 UC로 약칭함)는 1913년 성인을 대상으로 한 계속교육기관(Continuing Education and Extension)으로 존속했던 것을 1995년도에 전통적으로 적령기 학생 이외의 학생들에게 계속적 교육서비스를 제공했던 두 개의 독립된 기관이 합병하여 설립된 조직이다. UC의 설립목적 및 취지는 캠퍼스의 장벽을 뛰어넘어 전통적 의미의 학생 범주를 벗어난 성인과 시간제 학생에게 교육 기회를 제공하고 그 접근통로를 마련해 주기 위함이다. 이를 위하여 인터넷이나 상호작용적 TV와 같은 원격교육기술을 활용하여 성인학생 시장에의 접근 가능성을 넓혔다.[14]

b. 교육과정

UC는 학생들에게 2종류의 학사학위과정을 제공하고 있다. 먼저 개별적 학위프로그램(Individualized Degree Programs)이 있다. 이는 예술학사(B.A.)나 의료학사(B.S.)를 취득하는 데 융통성이 필요한 의욕 있는 학생들에게 교육 기회를 부여하고자 개설하고 있다. 여기에는

---

13) http://www.cee.umn.edu. 참조.
14) www.catalogs.umn.edu/archive/undergrad/UC.pdf. 참조.

대학연합프로그램(Inter-College Program: ICP)과 개별화된 학습프로그램(Program for Individualized Learning: PIL)이 있다. 1930년에 만들어진 ICP는 학점단위(credit-based)의 개별화된 학사학위과정을 제공하는 것이다. 이는 학생 개개인의 교육목적을 달성하도록 하나의 대학 이상에서 주간과정과 야간과정을 결합한 교육과정을 학생에게 제공해 줌으로써 기존의 전공에 대한 대안학습과정을 제공하는 것이다. 1971년에 만들어진 PIL은 여러 가지 학습자원과 전략을 결합하는 개별화된 교육을 계획하고 이수하려는 독자적인 학습자를 위한 과정이다.

또 다른 하나는 협력학위과정(Partnership Degrees)이다. 이는 일하는 성인들을 대상으로 지역 대학(community colleges)들이 협력하여 제공하는 학사학위과정을 말한다. 여기에는 응용경영과정(Bachelor of Applied Business), 정보네트워크과정(Bachelor of Information Networking), 응급의료서비스과정(bachelor of Emergency Health Services), 구조물관리과정(Bachelor of Construction Management)을 포함하고 있다.

c. 수업료

교육비용에는 수업료와 여러 가지 수수료가 포함되어 있는데 원격교육비용(An Independent and Distance Learning Fee: IDL)을 살펴보면 다음과 같다.

<표 Ⅱ-3> 학점당 수업료

학 점	비 용
1 IDL credit per semester	$0
2-5 IDL credits	$82.50
6-10 IDL credits	$165.00
11 or more IDL credits	$247.50

출처: http://www.cce.umn.edu/creditcourses/distance/tuition.html 참조.

　미네소타(Minnesota)대학교의 경우 원격교육과정이나 전통적인 교실 수업의 과정을 불문하고 수업료에 있어서는 동일한 정책을 펴고 있다. 그리고 미네소타(Minnesota) 주 영역 외에 거주하는 학생들에 대해서는 별도의 수업료정책을 실시하고 있다. 참고로 미네소타(Minnesota)대학교에 재학하는 full-time 학생의 경우 평균적으로 대략 4,277달러의 수업료가 필요하다.[15]

d. 교육형태

　UC에서의 원격교육은 성인과 시간제 학생들의 필요성에 부응하기 위하여 우편과 정보통신기술을 바탕으로 하고 있다. 처음에는 학생 개인의 자발성과 교수자로부터의 첨삭지도를 바탕으로 하여 집에서 대학학점을 취득할 수 있도록 하였고, 그 방법은 일반우편을 통한 원격교육이었으나 현재는 전자우편을 통한 수업으로 대체되었다. 그 밖에도 인터넷을 통한 교육과정도 개설하고 있으며, 오디오테이프, 비디오테이프, 컴퓨터디스크 등을 통한 교육과정이 제공되고 있다. UC에서 운영되는 강좌는 미네소타대학의 80여 개 개별 전공에서 제공하는 강좌들이 주축을 이루며, 약 340여 개 이상의 원격교육 강좌가 제공되고 있다.

② 네브라스카 대학교의 eNebraskaU(University of Nebraska)[16]

a. 개　요

　네브라스카(Nebraska)대학교는 1869년 설립인가를 받은 고등교육기관이며, 네부라스카 주에서는 유일한 공립의 종합대학교이다. 현재 네브라스카대학교에서 실시하고 있는 원격교육은 고등교육위원회의 북부중앙협회(Higher Learning Commission of the North Central Association:

---

15) http://onestop.umn.edu/onestop/Tuition_Billing/Tuition_Rates.html 참조.
16) http://www.nebraska.edu 참조.

NCA)로부터 인증을 받은 4개의 캠퍼스인 University of Nebraska at Kearney, University of Nebraska-Lincoln, University of Nebraska Medical Center, University of Nebraska at Omaha에서 각각 실시하고 있다.

이들 캠퍼스는 각각 독립성이 부여되어 있기 때문에 고유한 교육프로그램을 통해서 학위과정과 특별과정을 운영하고 있다. 그리고 원격교육을 담당하는 기관도 각각 독립적으로 마련되어 있는데, 먼저 University Nebraska-Lincoln(UNL)의 The Office of Extended Education & Outreach (이하 EE & O로 약칭)은 네브라스카대학교의 건학 이념인 평생교육 진흥에 적극적인 참여를 촉진하기 위해서 1997년 설치된 원격교육담당기관이다.[17) 이 기관의 전신인 원격교육부서(De-partment of Distance Education)의 역사와 합치면 90년 이상의 오랜 역사를 가지고 있다.

University of Nebraska-Kearney(UNK)에서는 eCampus가 원격교육프로그램을 제공하고 있다. UNK의 eCampus도 장소적 한계 및 전통적인 학생이 아닌 성인들을 대상으로 교육 욕구를 충족시킨다는 목적으로 설립되어 30년 이상 교육프로그램을 제공해 왔다.[18) 여기서도 여러 가지 학사 및 대학원과정과 프로그램을 온라인, 화상회의, 면대면 또는 이들의 혼합형 등 다양한 형식으로 제공하고 있다. 다만 원격교육프로그램의 경우는 캠퍼스가 일정한 범위에서 공유를 하고 있다.

University of Nebraska-Omaha(UNO)에서는 MyCampus라는 명칭으로 원격교육프로그램을 제공하고 있다. UNO의 myCampus도 캠퍼스의 교실수업에 참여하기 곤란한 사람들을 위하여 언제, 어디서나 자신의 교육목적에 이바지하도록 한다는 목적을 제시하고 있으며, 이곳을 통하여 많은 학생들이 자신들의 교육목적을 달성하고 있다.[19)

---

17) http://extended.unl.edu. 참조.
18) http://www.unk.edu/acad/continuing_ed. 참조.
19) http://mycampus.unomaha.edu. 참조.

b. 교육과정

네브라스카대학교의 각각의 캠퍼스는 독립적으로 운영되고 있기 때문에 교육과정도 개별 캠퍼스의 특성에 맞추어 약간씩 차이를 보이고 있다.

먼저 UNL에서 원격교육으로 이루어지는 교육과정은 크게 대학독학프로그램(College Independent Study Program)과 대학원원격프로그램(Graduate Distance Program)으로 나눌 수 있다. 대학독학프로그램은 회계, 농경제, 예술과 예술사, 생물학, 방송, 고전, 경제, 수학과 통계, 간호, 철학, 정치학 등 총 27개의 전공영역에서 98개의 과정이 제공되고 있으며, 이들 과정은 학점취득과정으로 이수하거나 비학점과정으로 이수하는 것 모두 가능하다. 그리고 대학원원격프로그램은 농학, 건축학, 경영관리, 일반교육·학교교육행정·특수교육학 등 교육학 관련 전공, 곤충학, 언론과 대중매체 등 총 17개의 석사과정, 9개의 전문가·추천과정과 2개의 교육학 관련 박사과정(Ed.D. or Ph.D. in Educational Studies; Ed.D. Joint UNL-UNO program in Educational Administration)이 개설되어 있다.[20]

UNK에서의 원격교육은 크게 온라인 과정(Online Course)과 혼합교육과정(Blended Programs)으로 나누어 학사과정과 석사과정을 아래의 <표 Ⅱ-4>와 같이 제공하고 있다. 여기서 온라인 과정은 대학교육을 처음 시작하거나 기존의 교육을 지속함에 있어 유연하고 편리성을 제공하기 위하여 인터넷에 접속가능한 곳이면 어디서나 교육을 받을 수 있도록 하는 과정이며, 혼합교육과정은 비디오와 오디오로 제공되는 화상회의 과정으로서 위성, IP나 광섬유통신으로 제공된다.

---

20) http://independentstudy.unl.edu/images/pdfs/CIS_bulletin_0607.pdf. 참조.

〈표 Ⅱ-4〉 네브라스카대학교의 과정별 개설 학위

수업형태	학사학위과정	대학원 과정
온라인과정 (Online Courses)	2개 ●Bachelor of Gen-eral Studies; ●Vocational Diver-sified Occupations Endorsement	8개 (Biology; Educational Media Endorsement; ESL Endorsement; Gifted Education Endorse-ment; Instructional Technology; Reading; Spe-cial Education-Gifted Education; Vocational Diversified Occupations Endorsement.)
혼합과정 (Blended Programs)	1개 ●Driver Education Endorsement	5개 (Education Administration-School Principal- ship in Central Nebraska; Mild / Moderate K-6 Endorsement; Mild / Moderate 7-12 Endorse-ment; Special Education: Advanced Practition-er; Special Education: Mild / Moderate Disabili-ties K-6.)

출처: http://www.unk.edu/acad/continuing_ed/programs/index.php?id=5131. 참조.

그리고 UNO는 원격학습프로그램에 대한 필요성을 일찍부터 인식하여 고품질의 포괄적이고 혁신적인 원격교육을 제공하고 있다. 특히 온라인 행정학석사과정은 전국적으로 인정을 받고 있다. 먼저 행정학석사과정(Master of Public Adminis-tration: MPA)은 2000년 인터넷을 통해 학위과정을 이수할 수 있도록 인증 받은 미국 최초의 과정이며, 2005년 미국 최고의 대학원과정 순위에서 유사한 석사과정 259개 중 26위를 차지할 정도로 상위에 올라가 있는 온라인 석사과정으로 인정받고 있는 대표적인 원격교육프로그램이다.21) 그리고 순수미술석사과정(Master of Fine Arts in Creative Writing: MFA)은 자신의 문학과 비평분야에서 최고가 되고자 하는 재택작가를 위한 단기간의 전문교육과정이다. 또한 학사학위과정(Bachelor of General Studies: BGS)은

---

21) http://mycampus.unomaha.edu/ranked.php 참조.

1951년 이후 21세 이상의 학생들을 대상으로 하여 2만여 명 이상이 본 학위과정을 통하여 학사학위를 취득한 미국에서 가장 오래된 교육 프로그램 중의 하나이다. 이 과정은 캠퍼스상에서 이루어지는 학위과정을 동일한 엄격 기준으로 100여 개 이상을 온라인 형식으로 이수할 수 있다. 그리고 UNO에서 제공되는 교육과정은 군인, 농촌, 부모들을 대상으로 UNK와 공동 제공하고 있다.22)

　　c. 수업료

　　네브라스카대학교의 각 캠퍼스는 앞서 설명한 것처럼 독립적으로 운영되고 있기 때문에 각 캠퍼스마다 별도의 수업료를 책정하여 운영하고 있다. 공통적인 점은 수업료(tuition)와는 별도로 수수료(fee)를 징수하고 있다는 점, 과정과 전공별로 상이한 수업료를 부과하고 있다는 점이다. 캠퍼스별로 특이한 점은 UNK와 UNO는 네브라스카(Nebraska) 주의 경계 내에 거주하는 학생과 경계 밖에 거주하는, 즉 다른 주에 거주하면서 네브라스카대학교의 학위과정을 이수하는 학생들에게 차등의 수업료 정책을 실시하고 있다는 점이다(<표 Ⅱ-5> 참조). 그리고 UNO의 경우는 청강생에 대한 수업료도 별도로 책정하고 있다(<표 Ⅱ-6> 참조).

　　먼저 수업료의 수준은 학사과정의 경우 UNK의 주 영역 내에 거주하는 학생들에게 제공하는 경우 129.50달러에서 최고 200달러까지 큰 편차를 보이고 있고, 석사과정의 경우도 최소 160.50달러에서 250.50달러로 넓게 분포되어 있다. 그리고 간호학의 경우는 별도의 수업료($225.00, credit hour)를 책정하여 시행하고 있다.

---

22) http://dcs.unomaha.edu. 참조.

〈표 Ⅱ-5〉 UNK의 수업료

구 분	Undergraduate	Graduate
주 영역 내 거주자(In-State)	per credit hour $129.50	per credit hour $160.50
주 영역 외 거주자 Out-of-State(for online & videoconference students)	per credit hour $200.00	per credit hour $250.50

출처: http://www.unk.edu/acad/continuing_ed/index.php?id＝6205 참조.

UNK의 일반캠퍼스의 경우 주 영역 내 거주자에 대해서는 위의 수업료와 동일한 반면 주 영역 외 거주자의 경우에는 학사과정 $265.25, 대학원과정 $332.00로 약간 차이를 보이고 있는 점이 특징이다.

〈표 Ⅱ-6〉 UNO의 수업료

		Resident	Non-Resident	Audit
On-Campus Courses	Undergraduate	$146.00	$430.25	$73.00
	Graduate	$182.00	$478.50	$91.00
Off-Campus / Offutt Courses	Undergraduate	$146.00	$430.25	$73.00
	Graduate	$182.00	$478.50	$91.00
Distance Education Courses	Undergraduate	$146.00	–	$73.00
	Graduate	$182.00	–	$91.00

출처: http://mycampus.unomaha.edu/tuition.php 참조.

UNO의 경우는 다른 캠퍼스와는 달리 원격교육과정이나 전통적인 교실수업의 교육과정을 동일하게 취급하는 수업료 정책을 취하고 있다.

d. 교육형태

네브라스카(Nebraska)대학교의 개개 캠퍼스는 500개 이상의 원격교육과정을 가지고 있다.[23] 그 교육프로그램의 전달방식을 보면 크게 순수한 온라인으로 진행하는 과정, 온라인과 오프라인 캠퍼스를 병행하는 과정, 화상회의나 기타의 디지털 형식으로 제공되는 과정으로 나누어진다. 이러한 다양한 형태의 원격교육방식은 기본적으로 자발적 계획수립, 자기동기부여성 내지 자발성, 자기 진도에 맞춘 학습, 학습자 중심주의를 추구하고 있다.

개개 캠퍼스의 교육형태의 특징을 보면 먼저 UNK는 온라인 형식, 면대면 형식, 온라인과 화상회의기술을 접목하여 제공하는 혼합형식으로 제공되고 있다. 온라인 형식으로 제공하는 교육프로그램에 대해서는 수강시기를 이른 아침, 퇴근 후, 야간 또는 주말 중 편리한 시간대를 학생이 골라 선택할 수 있도록 하고 있다. 화상회의 형태의 교육과정은 네브라스카 주의 영역 내에서만 제공한다는 장소적 한계를 가지고 있기 때문에 주경계선 밖에 거주하는 학생들을 위해서는 녹화된 비디오테이프로 제공을 한다.

UNO는 정보기술서비스(ITS: Information Technology Services)를 통해서 온라인과 오프라인을 모두 포괄하는 교육용 네트워크를 관리한다. ITS는 초고속의 컴퓨터 네트워크를 통해서 전 세계의 지식자산을 캠퍼스에 제공하는 데 기술적 지원을 제공하는 것을 임무로 하고 있다. 이를 바탕으로 UNO의 원격교육은 칠판을 이용한 웹기반의 교육과정 관리시스템인 myBlackboard(myUNO)를 이용하고 있으며, myBlackboard 내에서 교육과정을 가르치는 교수와 직접 연결시키는 구조를 가지고 있다. 그리고 면대면 교육과정은 네브라스카대학교 전체에서 몇 개만이 제공된다.

③ 캘리포니아 주립대학교(California State University, Dominguez hills)[24]

a. 개 요

캘리포니아 주립대학교의 Dominguez hills는 서부지역의 교육인증기관

---

23) http://www.nebraska.edu/students/disted_courses.aspx. 참조.
24) http://dominguezonline.csudh.edu. 참조.

인 서부학교연합(the Western Association of Schools and Colleges)에 의해서 인증을 받은 고등교육기관으로서 캘리포니아에서 가장 큰 원격학습프로그램을 가지고서 다양한 교육기회를 제공하고 있다. 여기서는 크게 원격교육(Distance Learning)과 확장교육(Extended Education)을 제공하고 있으며, 원격교육은 학생들에게 캠퍼스에 등교하지 않고 10개의 학위과정과 7개의 자격증과정을 위한 학점을 취득할 수 있는 기회를 제공하고 있다. 그리고 확장교육(the California State Univer-sity, Dominguez Hills, College of Extended and International Education)은 대학이 소속되어 있는 지역사회에 대학의 자원을 학대하여 보다 잘 제공하고자 하는 데 목적이 있고, 이를 위하여 캘리포니아의 Carson 캠퍼스에서 전문가, 학술 및 평생교육의 기회를 제공하고 전 세계의 학생들에게 원격학습을 매개로 한 교육기회를 제공하고 있다.25)

　b. 교육과정

캘리포니아 주립대학교의 Dominguez hills에서 제공하는 교육과정은 학사학위과정, 석사학위과정 및 자격증과정과 자기 진도에 맞춘 학습 및 교수자지도 전문가 프로그램으로 구성되어 있다.

여기서 학사학위과정은 온라인과 TV형식으로 교육과정이 제공되고 있으며, 3학기제로 운영되고 있다. 여기에는 B.S. Applied Studies, B.S. Nursing(BSN), B.S. Quality Assurance(BSQA)의 세 종류가 있다. 그리고 석사과정은 7개26) 과정, 자격증과정은 7개27) 과정, 자기 진도에 맞춘

---

25) http://www.csudh.edu/extendeded/eeinfo.htm. 참조.

26) M.A. Humanities External Degree(HUX); M.A. Negotiation, Conflict Res. and Peacebuilding(NCRP); Master of Business Administration(MBA); Master of Public Administration(MPA); M.S. Engineering Management(MSEM); M.S. Nursing (MSN); M.S. Quality Assurance(MSQA).

27) Assistive Technology Certificate, Community College Teaching Certificate, Pro-duction / Inventory Control Certificate, Purchasing Certificate, Quality Certificates and ASQ Certification(NBQA), Sport and Fitness Psychology Certificate, Technical

학습 및 교수자지도 전문가 프로그램은 9개 과정이 각각 개설되어 있다.

c. 수업료

캘리포니아주립대학교의 Dominguez hills의 교육과정별 수업료는 다른 대학교에서 운영되는 것과 마찬가지로 수업료 이외에 수수료(fee)를 별도로 징수하고 있다. 그리고 그 구체적인 금액은 각 교육과정별로 다르게 책정되어 있는 관계로 각각의 원격교육을 담당하는 해당 사이트를 찾아본 결과 아래의 <표 Ⅱ-7>과 같았다.

<표 Ⅱ-7> 과정별 수업료

과　　정		비용(기타 fee는 제외)
Bachelors Degree Programs		$225 per semester unit
Masters Degree Programs	M.A. Humanities External Degree	$198 per semester unit
	NCRP	$225 per unit
	Master of Business Administration	$400 per unit
	Master of Public Administration	$350 per unit
	M.S. Engineering Management	$350 per unit
	M.S. Quality Assurance	$187 per unit

출처: http://dominguezonline.csudh.edu. 참조.

캘리포니아 주립대학교 Dominguez hills의 전통적인 교실수업을 받는 경우의 수업료가 2006년 가을학기를 기준으로 full-time학생에 대해 학부과정 $1,260.00, 대학원과정 $1,551.00인 점에 비추어 볼 때 수강하는 과목 수에 따라 차등을 두고 있다고 보인다.

d. 교육형태

캘리포니아 주립대학교의 Dominguez hills은 교수와 원격학습중계센터

Writing Certificate.

(Center for mediated Instruction and Distance Learning)가 중심기관이 되어 원격교육을 담당하고 있다. 이 센터는 원격교육의 기반시설이 되는 위성서비스와 화상회의서비스를 관리하는 기관이며, 대학교의 원격학습 프로그램을 전반적으로 관리하고 있다. 따라서 본 대학교의 원격학습 프로그램은 위성을 이용하거나 UHF · Digital TV · Cable TV 등 방송매체를 이용하는 경우, 비디오테이프와 인터넷을 조합한 형식으로 학생들이 가정과 학교 및 직장으로 전송하여 수강할 수 있도록 하고 있다.28)

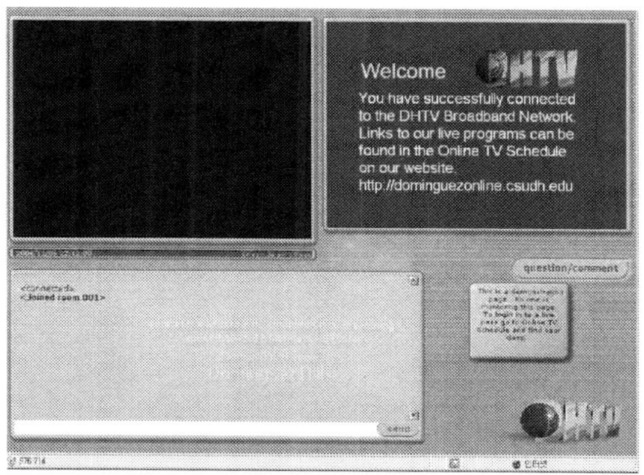

〈그림 Ⅱ-1〉 TV-Demo

<그림 Ⅱ-1>은 TV와 인터넷기술의 혼합된 형식으로 전달하는 DHTV 수업 형식을 제공하는 프레임의 모습이다. 대표적인 원격학습 프로그램의 모습을 살펴보면 다음과 같다.

먼저 DHTV 수업(DHTV classes)이 있다. 이는 특별하게 고안된 TV스튜디오에서 진행되며, South Bay의 채널 6과 로스앤젤레스 시의 채널 36을 포함해서 케이블 TV 체제를 통해 생방송으로 진행된다. 이 수업에서 시청자는 방송 중에 전화를 통해서 교수자와 통화할 수 있다.

---

28) http://www.csudh.edu/Catalog/200405/Catalog2004-05.pdf. 참조.

그리고 DHTV 수업의 모든 과정은 인터넷을 통해서 차후에 복습할 수 있도록 저장된다.[29]

그리고 위성수업(Satellite classes)의 형태도 제공하고 있는데, 이는 CSU-satellite(CSUCAT)와 jones education channel(JEC)를 통해 이용 가능하다. CSUSAT는 북캘리포니아의 40개 이상의 지역사회에서 시청이 가능하다. JEC는 미국 전역의 4천만 가구 이상이 케이블 TV체제를 통해서 시청이 가능하다. Domin-guez Hills broadcasts class는 CSUSAT를 통해 생방송으로 이루어진다. 북캘리포니아에 있는 학생들은 Pacific Bell's 디지털 TV로 남캘리포니아에 방송되는 같은 프로그램을 볼 수 있고 똑같이 800명이 방송 중에 교수자에게 이야기할 수 있다. JEC에 의해 방송되는 코스는 Dominguez Hills의 원격학습 프로그램에 의해 이미 생산된 테이프 프로그램을 방송한다. 학생들은 교수자와 의사소통하기 위해서 해당 주에 이메일이나 전화를 이용한다. 비록 위성 과목을 수강하는 학생들은 시험을 치루기 위해 그들이 사는 지역에서 시험감독관을 찾도록 요청할 수 있기는 하지만 과정을 끝마치기 위해 캠퍼스로 올 필요는 없다.

또한 화상회의 수업(Videoconferencing classes)은 두 개 이상의 장소에서 전화선을 통해 오디오와 비디오의 양방향 연결을 통해 생방송으로 이루어진다. Dominguez Hills는 3개의 videoconferencing units(CODECS)과 T1 connection to the CSU telephone network(CSUNET), 그리고 6개의 종합정보통신망(Integrated Services Digital Network(ISDN) line)을 가지고 있다. CSUNET은 캘리포니아에서 stateuniversity campuses, UC campuses와 The sprint network의 5곳 어디와도 연결이 가능하게 해준다. 종합정보통신망(ISDN lines)은 지역사회의 수많은 대학과 연결을 가능하게 한다. videoconferencing은 fountain valley에 있는 coastline community college의 adult college education(PACE)의 프로그램에서 학

---

29) http://www.csudh.edu/acresmgt/classched/sp06/mediated.pdf. 참조.

부 과정을 가르칠 때 사용된다.30) 더불어 coastline community college and cerritos community college는 dominguez hills의 캠퍼스 학생들에 게 화상회의 과정을 제공한다. 화상회의 수업에서의 시험은 양방향 비 디오 커넥션을 통해 모니터 된다. 이것은 학습자들이 캠퍼스에 오지 않 고서도 코스에서 요구하는 모든 것을 완성할 수 있도록 해준다.

마지막으로 온라인 수업(Online classes)은 전적으로 인터넷을 통해 서 이루어진다. 온라인 활동은 강의와 과제, 조사, 학급토론, 학생과 교 수자간의 상호작용 등을 포함하고 있으며, 이 과정을 듣는 모든 학생들 은 아이디(ID)와 비밀번호(Pass-word)를 부여받아 <그림 Ⅱ-2>의 Blackboard Portal에 접속하여 등교함으로써 학교생활을 하게 된다.31)

〈그림 Ⅱ-2〉 Blackboard Portal

그리고 수업의 진행 방식은 특정 시간대에 생방송으로 전달하는 형 식을 취하고 있다(<그림 Ⅱ-3> 참조). 그러면서 이미 이야기한 것처

---

30) Mission college in the San Fernando valley and cerritos community college에 서도 사용됨.

31) http://toro7.csudh.edu/webapps/portal/frameset.jsp. 참조.

럼 모든 수업은 비디오 서버에 저장해 놓아 복습을 하거나 정해진 수업시간에 수강을 하지 못한 학생들에게 제공함으로써 직접 참여수업과 복습을 가능하도록 하고 있다.[32]

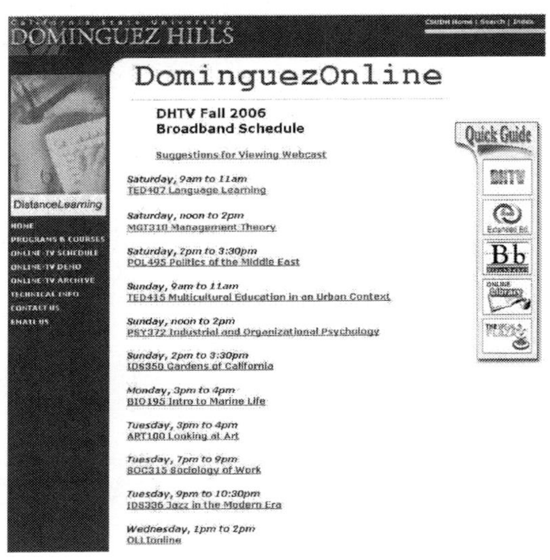

〈그림 Ⅱ-3〉 TV-Schedule

(2) 분교 형식의 원격대학을 설립·운영하는 형태

기존의 캠퍼스는 그대로 존속시키면서 분교 형식의 원격대학을 함께 운영하는 유형의 대학으로는 우리들에게 잘 알려진 피닉스대학의 온라인 캠퍼스(University of Phoenix Online)가 있다.[33] 피닉스대학의 온라인 캠퍼스의 운영현황을 살펴보면 다음과 같다.

---

32) http://www.appliedstudies.tv/howitworks.php. 참조.
33) http://www.online.uophx.edu. 참조.

① 개　요

애리조나(Arizona) 주의 피닉스에 위치한 피닉스대학은 현직에 재직 중인 성인들의 고등교육에 대한 욕구를 충족시키기 위하여 1976년에 설립되었다.[34] 1978년 정식대학으로 인가받은 이래 지금까지 애리조나, 캘리포니아, 유타, 뉴멕시코, 네바다, 콜로라도, 하와이, 그리고 푸에르토리코에 위치한 각 지역 캠퍼스들을 통해 100,000명 이상의 졸업생을 배출해 왔다. 학위과정 외에도 자격 인정 프로그램까지 포함하면 이제까지 피닉스대학의 교육프로그램에 등록한 전문 직업인의 수는 미국 50개 주로부터 총 245,000여 명에 달한다.

온라인 학위과정과 원격교육센터를 포함하여 미국 전역에 분포한 지역 캠퍼스 및 학습센터가 총 45개에 이르고 있는 피닉스대학은 경영 및 관리 분야에 있어 미국에서 인가된 가장 큰 사립의 고등교육기관 중 하나이며, 31,000명에 달하는 전체 등록 학생의 규모에 있어서도 인가된 10개의 사립대학들 가운데 2위를 기록하고 있다.

캘리포니아의 샌프란시스코에 위치한 '온라인 캠퍼스' 대학은 1989년 직업 현장에서 일하는 기술공학적 환경의 변화에 직장인들의 대응 능력을 향상시키고자 하는 목적으로 설립되었다. 그리고 그 교육방법도 효과적인 커뮤니케이션 수단으로 컴퓨터와 모뎀의 사용이 보편화되면서 전통적인 교실 개념의 범위를 확장시켜 컴퓨터에 기반을 둔 온라인 교수 전달체제를 도입하고 있다.

---

34) 피닉스대학은 '하나의 대학·학위 취득을 위한 다양한 방법(ONE UNIVERSITY, MANY WAYS TO EARN YOUR DEGREE)'이라는 비전을 기초로 온라인 교육의 선구자적 역할을 한다는 데 그 설립목적이 있음. 또한 나스닥시장에 등록되어 지식산업의 비즈니스화를 주도하고 있으며, 전통적 방식의 교실수업 위주에서 정보통신기술을 도입하여 전 과정을 가상공간에서 제공하는 형태로 변혁하여 오프라인 교육과 온라인 교육의 연계 모형을 제시해옴.

② 교육과정

피닉스대학의 온라인캠퍼스에서 운영되는 교육과정은 피닉스대학의 교육 이념을 가장 구체적이고 효과적으로 실현하기 위하여 전적으로 온라인을 통해서만 이루어진다. 따라서 재학생들은 캠퍼스로 직접 통학하지 않고서도 퍼스널 컴퓨터를 통하여 유동성 있게 수업에 참여할 수 있으며, 8명에서 13명의 소규모 그룹 형태로 혹은 일대일 교수방법으로 학생들은 자유 쟁점에 관해 토론하고 아이디어를 공유하고 이론들에 관해 시험을 볼 수 있다. 이런 모든 것들이 피닉스 온라인 대학의 장점이다.

그리고 피닉스대학은 그 설립목적에서 밝히고 있는 것처럼 직장인을 교육대상자로 삼고 있기 때문에 그들의 환경을 충분히 반영하여 훈련을 받은 직원이 입학 과정에서 도움을 제공한다. 그리고 학사과정과 석사과정의 입학 자격을 명시하고 있다.

먼저 학사과정에 등록하려면 적어도 23살 이상의 고등학교 졸업장 혹은 그와 동등한 자격증을 가지고 있는 사람으로서 직장에 재직하는 사람이어야 한다. 만약 입학 희망자가 현재 직장을 가지고 있지 않다면 학생은 교실에서 배운 이론적 개념들을 적용하기 위해 직장과 유사한 조직이나 기관에 소속되어 있어야 한다. 입학생들은 모두 피닉스대학의 수학능력평가(comprehensive cognitive assessment)를 받아야 하며, 비영어권 국가의 학생들에 대해서는 580점 이상의 토플점수를 요구하고 있다.

그리고 대학원과정도 학사과정과 똑같은 자격 요건을 갖추어야 한다. 다만 단과대학이나 대학 졸업장 혹은 그와 동등한 자격의 학위를 가진 사람이어야 한다. 학점은 평점 2.5이상이어야 하며 직장에서 3년 이상 재직하고 있는 사람이어야 한다.

이러한 자격 요건을 갖추고 온라인 피닉스대학의 온라인 프로그램에서 교육을 받고 있는 성인 학습자는 약 9,500명이다. 이들의 평균 나이는 38살 정도이고 학생들의 20% 정도는 직장에서 이사 또는 사장과 같은 경영진이며, 30%는 중간관리자, 44%는 기술전문직에 종사하거나 자격증을 소지한 사람들이다. 전체 학생 중 남녀의 성비는 여학생의 비율이 증가추세를 보이고 있지만 전체 학생의 72% 가량이 남학생이다. 그리고 이들 중 약 60%는 대학을 졸업하고 다시 학위를 받으려는 사람들로 구성되어 있다.

〈표 Ⅱ-8〉 영역별 교육과정

영 역	프 로 그 램
Business	—Associate of Arts in General Studies —Bachelor of Science in Business / Accounting —Bachelor of Science in Business / Administration —Bachelor of Science in Business / Communications —Bachelor of Science in Business / Finance —Bachelor of Science in Business / Global Business Management —Bachelor of Science in Business / Hospitality Management —Bachelor of Science in Business / Integrated Supply Chain and Operations Management —Bachelor of Science in Business / Management —Bachelor of Science in Business / Marketing —Bachelor of Science in Business / Public Administration —Bachelor of Science in Business / Retail Management —Bachelor of Science in Communications —Bachelor of Science in Management —Bachelor of Science in Organizational Security and Manage-ment —Master of Business Administration —Master of Business Administration / Accounting —Master of Business Administration / Global Management —Master of Business Administration / Human Resources Man-agement —Master of Business Administration / Marketing —Master of Business Administration / Public Administration —Master of Management —Master of Management / Human Resource Management —Master of Management / Public Administration —Doctor of Business Administration —Doctor of Management in Organizational Leadership

영 역	프 로 그 램
Technology	—Bachelor of Science in Business / e-Business —Bachelor of Science in Business / Information Systems —Bachelor of Science in Information Technology —Bachelor of Science in Information Technology / Information System Security —Bachelor of Science in Information Technology / Software Engineering —Bachelor of Science in Information Technology / Visual Com-munication —Master of Business Administration / Technology Management —Master of Information Systems —Doctor of Management in Organizational Leadership with a Specialization in Information Systems
Health Care	—Bachelor of Science in Health Administration —Bachelor of Science in Health Administration / Health Information Systems —Bachelor of Science in Health Administration / Long Term Care —Bachelor of Science in Nursing —Master of Business Administration / Health Care Management —Master of Health Administration —Master of Science in Nursing —Master of Science in Nursing-Nursing / Health Care Education —Master of Science in Nursing / Integrative Health Care —Master of Science in Nursing / Master of Business Administration / Health Care Management —Master of Science in Nursing / Master of Health Administration —Doctor of Health Administration

영 역	프 로 그 램
Education	—Bachelor of Science in Education / Elementary Education —Master of Arts in Education / Administration & Supervision —Master of Arts in Education / Curriculum & Instruction —Master of Arts in Education / Curriculum & Instruction-Adult Education —Master of Arts in Education / Curriculum & Instruction-Computer Education —Master of Arts in Education / Curriculum & Instruction-ESL —Master of Arts in Education / Early Childhood Education (Non-Certification) —Master of Arts in Education / Elementary Teacher Education —Master of Arts in Education / Secondary Teacher Education —Master of Arts in Education / Special Education —Doctor of Education in Educational Leadership —Doctor of Education in Educational Leadership with a Specialization in Curriculum and Instruction —Continuing Teacher Education
Social and Behavioral Science	—Bachelor of Science in Criminal Justice Administration —Bachelor of Science in Psychology —Bachelor of Science / Human Services Management —Master of Science / Administration of Justice and Security

출처: http://onlineprograms.uofphx.info/index.jsp?KW ＝phionix_universi-ty 참조.

위의 표에서 나타난 교육과정을 보면 앞의 <표 Ⅱ-2>에서 제시한 온라인 학위과정 영역 중 대영역별로는 거의 대부분을 개설하고 있으며, 특히 경영과 MBA 영역, 보건관련 영역 및 교육관련 영역에 많은 관심을 가지고 있음을 알 수 있고, 이러한 영역들의 개별 영역 또한 보다 세분화되어 있음을 알 수 있다.

③ 수업료

피닉스대학의 경우는 주된 대상을 직장에 재직 중인 성인들로 하고 있기 때문에 학생들의 경제적 부담을 줄이기 위한 다양한 등록금납부

옵션을 제공하고 있는 점이 특징이다. 따라서 한 학기의 등록금을 한 번에 모두 완납하지 않을 수 있도록 하고 있다.

<표 Ⅱ-9> 온라인 그룹스터디 수업료(Online Group study)

Type of Fee	Amount	Payment Due
Application Fee	$45	At time of application
Undergraduate	$494 / credit hour	
Graduate	$612 / credit hour	
Doctoral	$692 / credit hour	
Late Payment Fee	$30	Upon notification
Degree Completion Fee(Diploma Application)	$65	When an application for graduation is submitted

위의 표에서 보는 바와 같은 피닉스대학의 수업료정책은 앞서 살펴본 미네소타대학교나 네브라스카대학교, 캘리포니아 주립대학교의 온라인 교육과정과 비교할 때 2배 정도 높은 등록금 정책을 시행하고 있다는 점을 알 수 있다. 이는 피닉스대학이 영리추구의 고등교육기관이라는 점에 기인하는 수업료정책이라고 생각된다.

④ 교육형태

온라인 피닉스대학의 온라인 프로그램에 등록하면 학생들은 전통적인 면대면 교실수업과 동등한 수준의 교육을 받는다. 즉 온라인 캠퍼스에서 학위 취득에 요구되는 이수학점이나 강좌의 선행 요건, 각 강좌의 계열 및 온라인으로 전달되는 강좌의 내용은 교수가 육성을 사용하지 않는다는 점을 제외하면, 전통적인 방식으로 진행되는 피닉스대학의 다른 캠퍼스의 강좌들과 똑같다.

먼저 학급규모는 학생들의 능동적인 참여를 최적화하기 위해 보통 8~13명 정도의 직장인들로 구성되며, 이들은 보다 작은 규모의 학습 집단으로 나누어 수업을 받는다. 일반적으로 한 번에 한 강좌씩 등록하여 5~6주의 강좌가 끝나면 전통적인 교실수업에서의 학생들과 똑같이 다음 강좌로 넘어간다.

그리고 온라인 강의는 피닉스대학이 전통적인 교실수업을 대체하기 위하여 채택한 컴퓨터 회의시스템(the Apollo Learning Exchange: ALEX)을 통해 쉽고 간편하게 교수와 학생 또는 학생과 학생 간에 자유로운 의사소통이 이루어질 수 있도록 하고 있다. 학생은 ALEX에 하루 중 어느 시간이라도 접속이 가능하며, 대학 측에서는 학생들이 ALEX를 최대한 활용할 수 있도록 별도의 음성 사서함(voice mail) 지원체제를 갖추고 학생들의 질문과 상담에 응대하여 원활한 학교생활이 이루어질 수 있도록 지원하고 있다.

이러한 시스템을 바탕으로 한 온라인 강의의 진행 방식은 학생들로 하여금 완전히 자유롭고 임의적으로 수업을 들을 수 있도록 방임하지는 않는다. 학생들은 정해진 강의 진행기간과 틀 안에서 자율적 수강이 보장되며, 각 강의마다 개강일과 종강일, 과제 제출기한, 온라인토론기간이 정해져 있기 때문에 학생들은 정해진 진도에 따라 교육내용을 수강하고 응답하여야 한다.[35]

그리고 학생이 수강 신청을 하면 학교는 수강학생들을 소규모의 스터디그룹으로 분류를 하여 이들이 공동으로 특정 주제에 대한 과제를 수행할 수 있도록 한다. 이를 보조하기 위하여 스터디그룹에는 별도의

---

35) 온라인 강좌에서 한 주일 간 전형적인 강의가 진행되는 방식을 보면, 매주 첫째 날 교수는 학생들에게 그 주의 주제에 대한 개괄적 정보를 보내고, 교재에서 읽어야 할 내용의 분량, 보고서 및 기타 과제를 지정해 줌. 짧은 강의록이나 보충자료, 주제와 관련된 질문 등을 전달함. 학생들은 전통적인 교실수업에서와 마찬가지로 1주일 동안 정해진 교재를 읽고 스스로 과제를 완성하므로 컴퓨터상의 토론수업에 참가하여 질문하거나 피드백을 받게 됨. 학생이 과제를 완성하면 온라인을 통해 담당 교수에게 보내고, 교수는 그 과제를 평가하여 점수를 매기고 논평과 함께 학생에게 되돌려 보내며 한 강좌를 위해 학생들이 1주일 동안 할애하는 시간은 읽기와 쓰기, 통신을 포함하는 모든 학습시간을 포함하여 평균 15~20시간 정도임.

'대화방(chat room)'을 배정하여 구성원만이 회의에 참여할 수 있도록 하고 있다. 대학 측은 온라인을 통해 주고받는 집단 구성원 간의 상호작용에는 관여하지 않으며 스터디그룹이 공동 작업을 통해 만든 결과물에 대해서만 감독한다.

뿐만 아니라 학생들의 각종 연구나 과제 해결을 위한 학습 지원체제를 갖추고 있다. 온라인 데이터베이스를 통해 제공되는 도서목록 검색을 지원하는 도서목록 검색서비스와 전자도서관 홈페이지를 통한 직접 검색서비스를 제공하고 있다. 표준 웹 인터페이스를 이용하여 최근 문헌에 대한 방대한 목록을 검색할 수 있으며, 자신의 개인용 컴퓨터로 논문의 전문을 받아 볼 수 있도록 하는 UOP 온라인 컬렉션과 대학이 소장하고 있는 3,000종의 저널을 제공하고 있다. 학생들의 원활한 연구 수행을 돕기 위해 소장 도서목록 및 학습자원 매뉴얼 등을 발간하고 있다. 이러한 서비스는 직업을 가진 성인 학습자들의 교육적 요구에 부응하여 질 높은 고등교육을 제공한다고 하는 피닉스대학의 교육이념을 실현하는 데 그 목적이 있다.

학생들의 수강 결과를 평가함에 있어서는 전통적인 교실수업의 평가 기준이 온라인 강좌에도 그대로 적용된다. 학생이 수강과목에서 기본 이하의 낮은 학점(학부 2.0점, 대학원 3.0점)을 받은 경우 학사경고가 주어진다. 학사경고를 받은 학생들은 연속되는 세 강좌에서 기준보다 높은 학점을 받아야만 다음 강좌의 등록이 가능하도록 하고 있다.[36]

---

36) 피닉스대학은 학생들의 학습 성과를 측정하는 평가 프로젝트를 실시하여 자체적인 효과성을 검증함. 이 과정은 학생들이 교과과정에 명시된 학습목표를 성취했는지를 알아보기 위해 프로그램에 등록한 모든 학생을 대상으로 학문 내용에 관한 지식, 판단력, 문제해결 능력을 측정하기 위한 종합 인지능력평가를 실시하고, 이들이 졸업할 때 같은 평가를 다시 실시함. 또한 프로그램을 마친 학생들의 직업적 성공도를 알아보기 위하여 그들의 고용주를 대상으로 설문조사를 실시하였으며 그 결과 고용주들은 졸업생들의 수준에 매우 만족하고 있다는 반응을 얻었고, 자체적인 교수진을 대상으로 한 조사에서도 온라인 프로그램을 수강하는 학생들이 전통적인 교실 프로그램의 학생들과 동등하거나 더

〈표 Ⅱ-10〉 피닉스대학교의 교육전달 구조

지역 기반 캠퍼스	온라인	플랙스넷(Flexnet)
−세미나 중심의 출석수업 −학생들이 주별로 직접 만나서 상호 학습 −학생들 중심의 워크숍 활동	−학생들이 개개인의 시간과 일정에 따른 비동시적 세미나 형태의 온라인 교육을 통하여 학습 −인터넷을 이용한 교육.	−지역 기반 캠퍼스＋온라인 −인터넷을 이용한 교육이면서도 off-line(출석교육)을 원하는 학생들을 위한 교육 Mode

(3) 순수한 원격대학의 형태

이 유형은 정보사회에서 평생학습의 실현이라는 교육 패러다임을 구현하기 위하여 등장한 형태이다. 이는 1994년 이후 정보통신기술을 이용한 고등교육의 대안적 체제가 새로이 구상되기 시작하면서 기존 대학의 모형 속에서 가상교실, 가상 학습 환경, 가상 캠퍼스 등과 차이를 보인다. 이하에서는 이 유형에 속하는 대표적인 사례인 서부주지사대학(Western Governors University)에 관하여 살펴보고자 한다.[37]

① 개　요

서부주지사대학은 고등교육체제에 대한 요구 증가와 고등교육이 개개 주와 국가의 복지에서 차지하는 중요성이 매우 큼에도 불구하고 각 주의 제한된 자원, 전통적 교육체제의 비탄력성 및 고비용, 진부한 교육정책으로 인하여 빠르게 변화되는 현실에 적응하지 못한다는 인식을 기초로 하여 1995년 2월 미국서부 주지사 협회에서 서부가상대학 설립에 서명하면서 설립이 진행되었다. 이를 위해 가상대학설립을 위한 팀이 구성되었고, 여기서 1997년 7월 개교를 목표로 하여 1995년 2월부

나은 수준의 성취도를 나타내 보임.

37) http://www.wgu.edu 참조.

터 가상대학의 설립에 관련된 다양한 측면들을 검토하고, 대학 설립의 가능성 여부와 재정의 충당 가능성을 타진하는 등의 작업을 수행했다.

이러한 인식에서 설립이 추진되었다는 점에서 서부주지사대학은 전통적 교육체제의 문제점을 극복하기 위한 대안적인 고등교육기관이라는 평가를 받고 있고, 특히 시민들에게 시간과 공간의 제약 없이 고등교육을 접할 수 있는 기회를 제공하고 있다. 또한 시장 지향적 독립기관으로 활동하며, 능력에 기초한 자격 인증을 위주로 운영되는 특징이 있다.

서부주지사대학은 이러한 특징을 잘 발휘할 수 있도록 하기 위하여 능력에 기초하여 학습자의 자격을 인정해주는 고객 중심적인 가치관을 실현한다는 기치 아래 단순한 지식 제공 수준을 넘어 양질의 프로그램을 짧은 시간에 비용－효과적인 방법으로 모든 지역의 학습자에게 제공할 수 있는 고등교육기관으로 자리매김함을 제시했다. 즉 각 개인과 시민들이 시간과 공간의 제약이 없이 고등교육에 접할 수 있는 기회 확대, 첨단공학을 활용하여 학습 수요자에게 형식 교육체제 밖에서도 지식과 기술을 획득할 수 있도록 해줄 수단을 제공하는 동시에, 전통적인 캠퍼스 교육환경이 아닌 곳에서 획득한 기술과 지식을 공식적으로 인정받을 수 있는 수단의 제공, 교육과 학습의 경험을 인정해 주는 혁신적이고, 비용효과적인 새로운 접근법을 개발·제시하여 교육 기회와 수단을 확대하고 비용 절감, 학습자의 실제적인 능력향상을 위한 교육 제공, 전통적인 대학에서도 인정하고 받아들일 수 있는 교수와 평가에 대한 새로운 접근법의 제시를 그 임무로 선언하고 있다.

② 교육과정

서부주지사대학에 입학하기 위해서는 최소한 16살 이상이어야 하며, 고등학교 졸업증과 동등한 자격증이나 학력을 소지하여야 한다. 교육과정은 약 40개의 대학들[38]이 교육콘텐츠의 제공자로서 참여하고 있다는 점이 특징으로 나타난다. 이 부분은 우리의 원격대학에서 일반대학교와 컨소시엄을 구성하여 교육콘텐츠를 공유 또는 공동개발하는 경우와 유사하다. 서부주지사대학교에 개설되어 있는 교육과정은 Teachers College, Business, Information Technology, Health Professions 4가지 영역에서 아래의 <표 Ⅱ-11>와 같은 학위와 자격증을 제공하고 있다.

<표 Ⅱ-11> 영역별 교육과정

영 역	구 분	프 로 그 램
Teachers College	Licensure Programs	Bachelor's Degree	—Interdisciplinary Studies —Mathematics —Science —Social Science
		Post-baccalaureate	—Teacher Preparation Program —Teacher Preparation Program-Mathematics —Teacher Preparation Program-Science —Teacher Preparation Program-Social Science
		Master's Degree	—Teaching —Teaching-Mathematics —Teaching-Science —Teaching-Social Science

---

38) Bellevue Community College; Bellevue University; Brigham Young University; Chadron State College; City University; Colorado Electronic Community College; Community College of Southern Nevada; Dallas County Community College District; Digital Education Systems; Eastern New Mexico University; Eastern Oregon University; FundWell.com; Indiana University at Bloomington; ITP / Course Technology; Jones International University; Marylhurst University; Metropolitan Community College; Montana State University-Bozeman; North Dakota State College of Science; Northern Arizona University; Novell; Oklahoma State University; Old Dominion University; Regis University; Rio Salado College; Santa Fe Community College; SkillSoft; Texas Tech University; University Access; University of Alaska Learning Cooperative; University of Colorado at Boulder; University of Colorado at Denver; University of Guam; University of Hawaii; University of Idaho; University of Nebraska-Lincoln; University of Wyoming; Utah State University; Washington State University; Western Governors University.

영 역		구 분	프 로 그 램
Teachers College	Graduate Programs	Master's Degree	—English Language Learning —Education-Learning and Technology —Education-Management and Innovation —Education-Measurement and Evaluation —Mathematics Education —Science Education —Endorsement Preparation Program in English Language Learning
Business		Master of Business Administration	—Business Administration —Information Technology Management Emphasis —Healthcare Management Emphasis
		Bachelor of Science	—Business Management —Information Technology Management —Human Resource Management —Finance —Accounting —Marketing Management —Professional Studies
Information Technology		Bachelor of Science	—Information Technology —Networks Administration Emphasis —Networks Design and Management Emphasis —Databases Emphasis —Security Emphasis —Software Emphasis
		Master of Business Administration	—Information Technology Management Emphasis
Health Professions		Master's Degree	—Business Administration-Healthcare Management Emphasis —Health Education

　　서부주지사대학교에서 제공하는 교육과정은 피닉스대학과 마찬가지로 교육관련 대영역과 경영과 MBA 영역에 치중을 하고 있다. 이러한 점은 피닉스대학과 마찬가지로 현재 직장에 재직하고 있는 성인을 교육 대상으로 하고 있다는 점에서 기초 학문분야보다는 응용학문과정 중 현재 재직하는 직장에서 또는 보다 나은 환경의 직장으로 옮겨가기 위한 욕구에 부응하기 위한 것으로 판단된다. 이러한 점은 우리나라의 원격대학들도 인원의 차이는 있지만 경영 관련 학과나 전공이 거의 대부분 개설되어 있고, 교육관련 영역도 상당수 학교에서 개설하고 있는 점과 어느 정도 공통적 현상을 보이고 있다.

③ 수업료

　　서부주지사대학은 6개월을 한 학기로 하면서 어느 때든 입학할 수 있도록 허용하고 있다. 따라서 수업료의 산정도 6개월 한 학기를 기준으로 하여 부과하고 있다.

<표 Ⅱ-12> 서부주지사대학의 수업료 및 수수료

Application Fee	$65
Tuition 　All programs except MBA 　MBA degree programs	 $2,790 per 6-month term $3,250 per 6-month term
Library Fee	$45 per term
Special Fees(Apply to select programs) 　Demonstration Teaching Fee* 　Internship Teaching Model*	 $800(one time) $1,900(one time)

출처: http://www.wgu.edu 참조.

　　서부주지사대학은 그 설립의 기반이 미국 서부주지사협회의 구성 주들임에도 불구하고 일반대학교보다 높은 수업료 정책을 채택하고 있음을 알 수 있다. 예를 들면 캘리포니아 주립대학교의 2006년 가을학기를 기준으로 full-time학생의 전체 비용(수업료＋수수료)이 학부과정 $1,508.00, 대학원과정 $1,799.00임에 비하면 대략 2배 정도의 높은 수업료 정책을 채택하고 있음을 알 수 있다.

④ 교육형태

서부주지사대학의 교육 형태는 순수한 원격대학으로서의 성격을 가지고 있기 때문에 인터넷이나 컴퓨터를 매개로 하는 통신 위주의 교육이 주를 이룬다. 그 밖에 공개 워크숍을 개최하여 오프라인상에서의 면대면 교육도 병행하고 있고, 교육용자료를 인쇄하여 배포하는 등 필요성에 따른 다양한 방법을 병행하고 있다.

그리고 이원화된 행정조직 체제로 운영하기 위하여 정책 수립 및 관리를 담당하는 중앙조직과 개인별 학습관리를 담당하게 될 지역학습관 조직을 분리하고 있다.

3) 원격교육의 다양한 방식 및 특성

(1) 직업훈련에서의 원격교육

우리가 살아가고 있는 정보화 사회에서는 인류의 지식 기반이 계속적으로 빠른 속도로 증가하고 있으므로, 정보화 사회에 능동적으로 대처하기 위해서는 지식과 기술의 변화에 적응하는 문제가 중요한 이슈가 되고 있다. 이러한 점은 소프트웨어 공학 2.5년, 전자 공학 5년, 기계 공학 7.5년 단위로 새로운 기술이 등장하고 있는 현실은 관련분야의 기술 전문가들이 자신의 기술을 계속적으로, 가속적으로 업데이트할 필요성을 더욱 절실하게 배가시키고 있다.

그러나 실제 새로운 직업기술에 대한 교육의 필요성을 느낀다고 하더라도 직장인들의 공통적인 상황, 즉 직업상의 여건이나 가족부양 등의 이유로 인하여 정규교육을 다시 받는 것은 매우 어려운 것이 현실이다. 따라서 직장인들에게는 시간이나 장소 등의 제약을 덜 받으면서 재교육을 받을 기회를 확보하는 것과 기업 측으로서는 실제 업무에 피해를 주지 않으면서 실무에 필요로 하는 새로운 전문기술과 지식의 습득이나 그러한 능력을 보유한 인력의 확보라는 양자의 이해관계를 충족시킬 수 있는 교육방법의 필요성이 강하게 요구되어 왔다. 이의 대안으로 등장한 것이 원격교육을 통한 전문적 직업교육의 강화이며, 이러한 필요성에 부응하여 직장인과 기업 모두에게 각각의 이해관계를 충족시키기 위해 설립된 고등교육기관 중 대표적인 예가 국가기술대학교(NTU: National Technological University)이다.

① 개 요

NTU의 공학과 응용과학대학(NTU School of Engineering at Walden University)은 전통적인 대학에서 습득한 전문기술과 지식이 신속하게 발전하는 기술과 지식에 따라가지 못하는 현실을 직시하면서 원거리에서 심도 있는 기술교육과 트레이닝을 제공하기 위하여 만들어진 교육기관 중 하나이다. IBM, Hewlett-Packard와 Lockhee Martin의 후원을 받아 1984년 설립된 NTU는 현장에서 근무하는 전문기술인들을 상대로 20년 이상 지식을 기반으로 하는 문제해결사로서의 능력 배양에 이바지해 왔다. NTU는 management, technical and engineering을 중심학문분야로 하여 석사학위를 수여하고 있으며, 이들 과정은 고등학습위원회(the Higher Learning Commission and a member of the North Central Association)에 의해 인증을 받았다.[39]

현재 NTU는 월든 대학교(Walden University)의 일부로서 세계적으로

---

39) http://www.ntu.edu/AC/degree_list.asp. 참조.

유명한 교수들과의 교류를 제공하고 있으며, 많은 기업에 재직하는 전문
기술자들에게 새로운 사고의 수준을 제공하고 있다. 그리고 이곳을 통해
서 직업교육의 일환으로 회사에 정식직원으로 재직하면서 자신의 연구
프로그램을 마친 1,200명 이상의 사람들이 석사학위를 취득했다.[40]

② 교육과정
NTU의 교육과정은 크게 학위과정과 비학위과정으로 나눌 수 있다.

a. 학위과정
NTU의 학위과정은 <표 Ⅱ-13>에서 보는 것처럼 석사학위과정만을
제공하고 있으며, 여기서는 이론과 응용 과정, 개론과 실무학습 과정을
혼합하여 제공하고 있다. 이러한 폭넓은 교육과정은 현재 진행하고 있는
과제의 요구 사항을 충족하도록 교육프로그램을 스스로 수립할 수 있도
록 함은 물론 장래의 과제가 주어질 때를 대비한 기술을 재충전할 수
있도록 해 준다.

<표 Ⅱ-13> 교육과정 및 이수 소요 기간

과 정	이수조건	이수예정 기간
High-Tech M.B.A.	36 total semester credit hours	2~5년
M.S. in Computer Engineering	30 total semester credit hours	1.5~5년
M.S. in Computer Science		
M.S. in Electrical Engineering	33~34 total semester credit hours	2.5~5년
M.S. in Engineering Management		
M.S. in Software Engineering	33 total semester credit hours	1.5~5년
M.S. in Systems Engineering		

출처: http://www.ntu.edu/AC/degree_list.asp 참조.

---

40) http://www.waldenu.edu/c/Schools/Schools_1373.htm. 참조.

b. 비학위과정

NTU의 비학위과정(수료과정)은 대학원에서 배우는 영역에 초점을 맞추고서 자신의 경력관리를 필요로 하는 학생들의 특별한 달성할 수 있도록 편성된 전문직업인을 위한 과정이다. 개별 수료과정은 적어도 4개의 대학원과정으로 구성되어 있고, 이 과정에서 학생은 최소한 B이상의 학점을 취득해야 한다. 그리고 학생은 적어도 1년 안에 대학원 수료과정을 이수할 수 있으며, 이 과정에서 취득한 학점은 추후 석사학위 프로그램에 합산된다.

NTU의 석사 수료 프로그램은 특히 이미 석사 또는 박사학위를 가지고 있고, 다른 분야의 전문학위를 취득하는 것을 원하지 않는 사람들을 위해 고안되었다. 교육과정은 입학 후 개별적으로 교육과정 프로그램을 조정해서 이수할 수 있다.[41)]

NTU의 수료과정의 예는 아래의 <표 Ⅱ-14>와 같다.

〈표 Ⅱ-14〉 NTU의 수료과정

	NMGT 6760 Introduction to Project Management
Technical Project Management	NMBA 6140 Strategy and Negotiation
	NMGT 6761 Advanced Project Management
	NMBA 6130 Leadership and Teamwork
	NMGT 6310 Introduction to Engineering Management
Engineering Management	NMBA 6150 Technology and Operations
	NMBA 6130 Leadership and Teamwork
	NMBA 6170 Finance and Accounting
	NMBA 6140 Strategy and Negotiation
Competitive Product Management	NMBA 6160 Marketing
	NMGT 8735 Marketing Advanced Technologies
	NMBA 6313 Supply Chain Management

출처: http://www.waldenu.edu/c/Schools/Schools_8326.htm 참조.

---

41) http://www.waldenu.edu/c/Schools/Schools_8326.htm. 참조.

③ 수업료

NTU의 수업료도 다른 대학교와 마찬가지로 과정별로 차등적으로
부과하고 있으며, 이외에도 각종 수수료가 부과되고 있다. 각 과정별
수업료의 정도를 살펴보면 아래의 <표 Ⅱ-15>와 같다.

<표 Ⅱ-15> 과정별 수업료

과 정	Tuition
High-Tech M.B.A.	$665(per semester credit hour)
M.S. in Computer Engineering	$865(per semester credit hour)
M.S. in Electrical Engineering	$865(per semester credit hour)
M.S. in Engineering Management	$665(per semester credit hour)
M.S. in Software Engineering	$865(per semester credit hour)
M.S. in Systems Engineering	$865(per semester credit hour)

출처: http://www.waldenu.edu/c/Schools/Schools_8326.htm 참조.

④ 교육형태

NTU는 원격학습 환경상에서 성공하기 위한 조건으로 스스로 학습
방향을 정하고, 체계적이며 그리고 인터넷 브라우저, 워드프로세스 및
메일을 포함하는 기본적 컴퓨터 환경의 최적성을 제시하고 있다. 이러
한 환경을 위하여 원격학습을 위한 오리엔테이션에의 참여와 가상교실
에서 도움을 주는 보조자의 지원을 제공하고 있다.

학생들은 원격학습을 위해서 한 주에 평균 15~20시간을 할애할 것
을 제시하고 있는데, 이는 과제읽기, 연구과제, 조사과제와 온라인 토론
을 위한 최소한의 시간이다.

이러한 목적을 달성하기 위하여 채택하고 있는 교육 형태는 크게 세
가지로 나누어지는데, 이 중 Walden University에 개설된 학위과정에
서 활용되는 방법도 포함해서 살펴보기로 한다.42)

a. 온라인 과정(Online Courses)

Walden University의 학사, 석사 및 몇몇 박사 프로그램은 과정중심으로 이루어진다. 온라인 교실환경은 생방송이 아닌 비동시성을 특징으로 한다. 이것은 지정된 기간 내에 학생들이 편한 시간을 이용하여 교육에 참여할 있도록 하기 위한 것이며, 이를 위하여 주차별 논의주제, 필요한 과제읽기 분량과 연구과제의 전체 목록은 그 과정의 수업계획서상에 미리 제시를 해 주는 형식을 취하고 있다. 학생은 로그인해서 등교를 하면 같이 수업을 듣는 학생이나 교수로부터 메시지를 확인할 수 있고 토론에 참가할 수 있다.

온라인상에서의 대화의 흐름도는 개인이 이전에 펼쳤던 대화의 내용을 다시 살필 수 있도록 하는 구조를 제공함으로써 토론과정을 통해 직접 자신의 전문 직종에 응용할 수 있는 통찰력을 배양할 수 있도록 할 수 있도록 배려하고 있는 것이 특징이다.

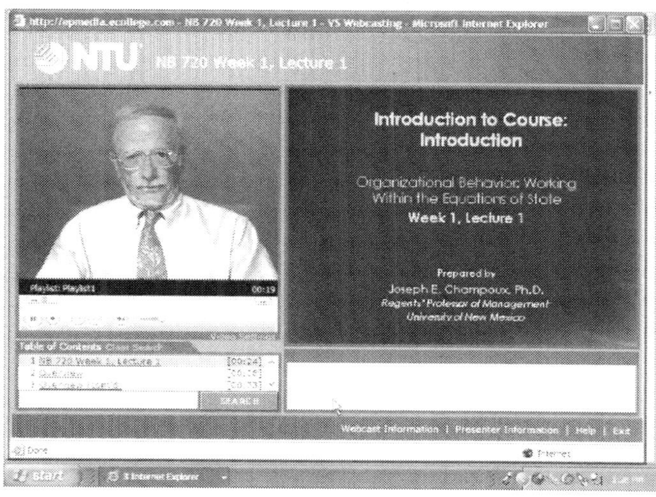

〈그림 Ⅱ-4〉 Video and DVD Instruction

---

42) http://www.waldenu.edu/c/GettingStarted/ProspectiveStudents_8997.htm 참조.

b. 비디오·디브디 강좌(Video and DVD Instruction)

이 교육방법은 월든 대학교(Walden University)에 개설된 교육학과 간호학의 석사과정에서 활용하는 형태이다. 교육프로그램에 관련된 DVD교재를 통해서 핵심 이론적 개념을 제시해 주는 방법이다. 특히 교육학과정에서 활용되는 비디오나 DVD 교재는 교육방법의 모델과 직접 자신의 교육 속에서 적용할 수 있는 교육방법의 기술과 개념의 모델로서 현직 선생의 교육 장면을 포함하고 있다.

c. 면대면 학습 팀(Face-to-Face Study Teams)

이는 몇몇 전문교육학 석사과정에서 교육프로그램의 이수를 위한 조건으로 제시하여 활용하고 있는 교육형태이다. 이러한 교육방법은 살아있는 학습경험을 공유하고자 하거나 다른 선생과 함께 작업하기를 원하는 경우 그리고 방과 후나 주말에 모임을 갖는 것을 선호하는 선생들을 위한 프로그램이다.

(2) 원격대학에서의 인터넷을 통한 원격교육의 유형

미국 원격교육의 동향과 사례를 조사하면서, 원격교육을 하고 있는 거의 대부분의 경우에서 인터넷의 사용이 보편화되어 있음을 확인할 수 있었다. 원격교육 환경에서 제한된 상호작용의 단점을 보안해 주는 가장 강력한 테크놀로지로 인터넷 등의 컴퓨터 매개통신 또는 컴퓨터 네트워크를 꼽는다고 할 때 그 영향력의 확대되는 추세는 당연할 일이다. 이와 관련하여 아래에서는 미국 원격교육에서 인터넷과 관련한 활용부분을 5가지로 나누어 보고 간단한 사례를 제시하고자 한다.

① 직접교수
인터넷상에는 수업과 관련된 사이트들이 계속해서 증가추세를 나타

내고 있다. 아직까지 이들 사이트들의 일차적인 목적은 수업의 보강 또는 보충적인 자율학습 모듈을 제공하는 것이 대부분이지만, 전적으로 인터넷을 통해서만 교수 학습이 이루어지는 원격수업을 시도하는 사이트들의 등장과 함께 계속적으로 그 적용의 폭을 넓혀가고 있다.

인터넷을 통한 교수 학습은 모든 수업이 전적으로 인터넷을 통해서만 이루어지는 경우와 교실수업의 연장선상에서 수업의 보조물로서 인터넷을 활용하는 경우의 두 가지로 나누어 살펴볼 수 있다. 아직까지는 여러 가지 기술적인 문제점들과 교수 및 학생들의 인식 부족으로 인해 전적으로 인터넷에만 의존하는 수업보다는 교실수업의 보조적인 수단으로 인터넷을 이용하는 경우가 더 많다. 그러나 데이터 전송 속도와 수업 진행을 위한 인터넷 환경이 개선되고 보다 많은 교수와 학생들이 인터넷의 잠재성과 편리함에 대해 인식하게 되면 전적으로 인터넷을 통해서만 모든 수업이 이루어지는 본격적이 직접교수방식이 점점 더 늘어나게 될 것으로 전망되고 있다. 인터넷을 직접 수업에 활용하고 있는 사례를 살펴보기로 한다.

a. 미네소타대학의 성인교육 센터[43]

미네소타대학의 성인교육 센터는 프로그램 개발자, 교사 카운슬러, 교육행정가 등 성인교육과 관련된 여러 분야에 종사하는 전문가들을 대상으로 대학원 학위과정의 프로그램을 제공하는 성인교육 전문기관이다.

온라인으로 제공되는 강좌는 '아동 및 청소년에 대한 교수전략, 심리적 요인, 인간 관리, 교육 프로그램 평가'의 4개 영역에 대한 8개의 모듈로 구성되어 있으며, 2개의 모듈로 짜여진 한 강좌를 수강하면 2학점을 이수한 것으로 인정된다.

---

43) http://www.education.umn.edu/WHRE/AdEd 참조.

〈표 Ⅱ-16〉 '성인교육' 강좌 현황

―Survey: HRD and Adult Education-Strategies for Teaching Adults-Perspectives of Adult Learning and Development-Designing the Adult Education Program-Field Experience in Adult Education-Introduction to Adult Literacy- Assessment of Adult Literacy
―Methods of Teaching Adult Literacy-Survey of Distance Education-Continuing Education and the Professions-Working with Volunteers in Community Settings-Futurism in Human Resource Department and Adult Education-Managing and Consulting in Human Resource Development and Adult Education-Special Topics in Adult Education-Advanced Theories in Human Resource Development and Adult Education

b. 펜 주립대학(Penn State University)의 북미 고고학 개론[44]

북미 고고학 개론은 펜 주립대학의 인류학과에서 1997년 봄 학기부터 인터넷을 통해 개설한 강좌이다. 이 강좌는 넷스케이프와 웹상에서의 대화 기능(WebChat), 뉴스그룹과 전자우편 등의 인터넷 기능을 이용하여 강의 운영과 관련된 모든 진행을 시행하고 있다. 강의를 위한 주 교재 이외의 강의자료와 참고자료는 인터넷을 통해 학생들에게 배포한다. 웹상에서의 대화를 통해서 교수와 수강생들은 3시간씩 실시간으로 서로의 관심사와 연구 진척 상황에 대한 정보를 주고받는데, 웹에서의 대화는 일주일에 두 번 실시한다. 그 밖의 다른 정보는 전자우편을 통해 주고받는 등 인터넷으로 모든 수업이 진행된다.

특히 이 강좌는 강의를 수강하는 모든 학생들에게 개별적인 홈페이지를 구축하도록 요구하고, 모든 과제는 그 홈페이지상에 띄우도록 하여 학습효과를 높이고 서로 간의 의사소통도 원활하게 하고 있다.

c. 듀크대학 생명과학부의 자율학습 패키지[45]

듀크대학 생명과학부의 SOL(the Science Of Life)은 캠퍼스를 축소

---

44) http://anthro.psu.edu/northamerican.html 참조.
45) http://www.sol.duke.edu 참조.

한 형태로 구성하여 운영하고 있다. SOL의 홈페이지에는 자율학습 패키지 이외에도 학과(college) 소식, 각종 공지사항, 강의교재 등의 다양한 메뉴를 제공하여 홈페이지를 통해서 모든 학사 운영 및 강의 진행에 관한 정보를 확인할 수 있다. 예를 들면 화학의 원자론에 관한 온라인 자율학습 패키지와 같이 교실수업에서 다루어지지 않는 기초적인 과학과목에 대한 입문강좌를 제공하고 있다. 여기서는 어려운 개념을 다양한 그래픽을 곁들여 쉽게 설명하여 교실수업에서의 학습 성취도를 높일 수 있도록 보충수업으로 제공하고 있다.

② 가상캠퍼스

가상캠퍼스는 입학 및 수강, 학위 취득 등 대학생활의 전체 과정을 인터넷상에 개방함으로써 시간과 공간의 제약 없이 누구나 원하는 대학과 전공을 선택해 학습할 수 있도록 하는 새로운 개념의 대학을 의미한다. 여기서는 네트워크를 통해 학생과 교수가 새로운 아이디어와 시각, 문화, 정보를 교류할 수 있도록 환경을 제공하고 있기 때문에 단순히 교육 기회를 확대하였다기보다는 열린 교육과 평생교육을 실시하는 새로운 방식을 제시하는 형태이다.

가상캠퍼스는 교육기관의 역할을 담당하는 정보서비스 주체가 인터넷 등 통신망을 통해 온라인 학습모듈, 전자도서관, 화상강의 등을 보내 주면 학생들은 이를 편리한 때에 자신의 학습 속도에 맞추어 학습하는 식으로 수업을 진행하고 있다. 단순히 일방적인 정보를 제공하는 차원을 벗어나 양방향적 대화, 토론 기능과 강의 시간표 관리 기능을 담아 실제 대학교육과 대등한 형태로 발전하고 있다. 또한 고립된 교육으로 학생들이 소외감을 느끼거나 독단에 빠지는 것을 방지하기 위하여 협동과제와 상담 서비스를 제공하는 등 다양한 지원서비스를 제공하고 있다. 이러한 가상캠퍼서의 대표적인 예는 이미 앞에서 설명한 피닉스대학의 온라인 캠퍼스와 서부주지사대학교가 있다.

③ 전자토론

전자토론은 다수의 이용자들이 컴퓨터를 통하여 문자로 의사소통을 구성, 저장, 처리하는 기능을 제공하는 프로그램이고, 전자회의·컴퓨터회의·온라인 토론 등으로도 불려진다. 전자토론의 형태는 우리들이 흔히 사용하는 메신저 등 채팅프로그램과 같이 토론이 실시간으로 진행되는 동기적(synchronous)인 방식과 모든 사람들에게 메시지가 즉각 전달되기는 하지만 각각의 수신자들이 자신이 편리한 시간에 게시물을 읽고 응답하는 비동기적(asynchronous) 방식으로 구분된다. 그 형태도 다수의 집단이 함께 하는 경우, 1인의 주관자와 다수의 방문자가 토론하는 경우, 일대일의 대화를 하는 경우 등 다양한 형태를 취할 수 있다.

개별적인 교수·학습으로 학습자가 고립되기 쉬운 온라인 수업에 있어 전자토론의 사용은 학습자 간의 학문적인 협력활동을 강화할 수 있고, 피드백과 지속적인 토론이 가능하다는 점에서 이상적인 학습도구로 적극적으로 활용되고 있다. 그 중에서도 특히 주목해야 할 것은 MUD와 MOO라는 새로운 전자토론 방식이다.

먼저 MUD는 '다중 사용자 공간(Multi-User Dungeons)'의 약자로, 원래 인터넷상의 다중 사용자에 의한 쌍방향 역할 놀이 게임을 일컫는 말로 사용되기 시작하였으나 오늘날에는 텍스트에 기반을 둔 모든 다중 사용자 영역을 뜻하는 개념으로 사용되고 있다. 특히 교육 분야에 있어서는 MOO(Mud, Objective-Oriented)라 불리는 객체지향 MUD가 가장 널리 사용되고 있다. MOO는 일반적으로 첫째 여러 명이 동시에 같은 서버에 접속하여 다수 사용자 간의 실시간 대화가 가능하다는 점, 둘째 MOO는 공간적인 구조를 갖는다는 점, 즉 사용자는 기본적으로 자신이 속해 있는 '방(room)' 안에 있는 다른 사용자와 상호작용한다는 점, 셋째 MOO에서는 '방(room)' 안에 있는 다른 사용자들에게 이야기하고 감정을 전달하는 실시간적 상호작용이 가능하다는 점, 넷째 인터넷 전자우편이나 뉴스그룹, 자율학습실, 게시판 등의 비동시적 의

사소통 수단도 지원하고 있다는 점의 특징을 지니고 있고, 이를 위한 정교한 프로그램 언어를 제공하고 있다. 이러한 전자토론의 서비스를 고등교육에 접목시키고 있는 경우를 살펴보면 다음과 같다.

　a. 텍사스 오스틴대학의 AcdemICK[46)]

　수사학 및 작문과(Dept. of Rhetoric and Composition)의 컴퓨터 작문 연구실(Computer Writing and Research Lab)에서 2년 전에 개발한 AcademICK은 온라인상에서 학생들에게 사회적인 주제에 관한 의견을 교환하고 여가를 활용할 수 있는 공간을 마련한다는 취지로 시작되어 약 1년간의 실험적인 프로젝트 운영 기간을 거친 후, 그것의 성공에 힘입어 두 번째로 'OWL(Online Writing Labora-tory)'이라는 온라인 작문 프로젝트를 시작하였다.

　OWL은 위스콘신대학의 교수진과 텍사스대학의 학생들을 연결하여 온라인상으로 작문 기법 및 표현 방식 등에 관한 자문을 구할 수 있도록 하고, 학생들이 하이퍼텍스트의 형식으로 자신의 작품을 공개할 수 있는 별도의 페이지를 마련해 놓고 있다.

　또한 성인뿐만 아니라 청소년 등 다양한 연령대의 학습자 수용을 목적으로 하는 평생교육기관을 지향하며 학점단위 교육, 정규고등교육부터 기업 경력개발교육과정까지 제공하고 있다. 이 외에도 텍사스 오스틴 대학은 비학위 학점 이수 과정, 비학위 자격증 과정, 경력개발 과정, 초·중등 원격교육 과정, 노년교육 과정 등 다양한 과정을 제공하고 재학생의 온라인 수강 및 비재학생의 강좌 수강도 가능하며 학위과정은 텍사스 주 대학의 컨소시엄 온라인 교육기관인 텍사스 대학 연합체(UT telecampus)를 통해 이수하게 된다. 이 대학의 성공요인으로는 다양한 연령대의 학습자를 대상으로 맞춤형 교육과정 제공, 풍부한 면대면 커

---

46) http://www.cwrl.utexas.edu 참조.

리큘럼의 활용과 지속적 확장을 들 수 있겠다.

b. 부에나 비스타 대학의 CollegeTown[47]

CollegeTown은 전자토론 기능을 활용, 텍스트에 기반을 둔 가상 학문 공동체이다. 전 세계의 교수 및 학생들의 학문 탐구의 장을 마련한다는 취지에서 마련된 CollegeTown은 다양한 사람들이 가상공간에서 만나 강의와 세미나를 열고, 연구 조사를 실시하며 교수 프로젝트를 실행하고 의견을 교환할 수 있는 장소를 제공해 주고 있다. 이러한 취지에 공감하는 사람은 누구나 CollegeTown의 회원이 될 수 있다.

④ 교육자료 데이터베이스

원래 인터넷이 만들어져 이용하게 된 근본취지가 학술 연구와 정보의 공유에 있었던 만큼, 인터넷의 교육적 활용과 관련하여 가장 긍정적으로 평가되고 있는 부분은 바로 인터넷이 방대한 교육 자료의 데이터베이스로 이용될 수 있다는 점이다. 현재 인터넷을 이용하여 찾을 수 있는 정보는 인문학, 생물학, 화학, 수학, 신문잡지, 취미 및 특수 기술 등 수십만 내지 수백만 종에 이르러, 단순히 '정보의 보고'라는 말로 표현하기에는 부족할 정도이다.

교육 자료의 데이터베이스 이외에도 전자저널, 소프트웨어, 동호인들이 올린 자료들이 교육적 목적을 위하여 사용될 수 있다. 전자저널은 인터넷을 통해 가입자에게 제공되는 정기간행물로서 정보와 학습의 중요한 원천이 되고 있다. 전자저널은 수업의 일부로 통합될 수 있고 수업의 보충자료로 사용될 수 있는데, 이는 학습자에게 최신의 자료를 제공할 수 있어 학습자에게 더없이 귀중한 자료원이 되고 있다. 아울러 전자신문의 활용도 가능하다. 또한, 인터넷에는 사용자들이 네트워크를

---

47) http://www.bvu.edu/ctown. 참조.

통해 자신의 컴퓨터에 다운로드 받아서 쓸 수 있는 소프트웨어 프로그램들이 많이 올려져 있어 연구 및 과제수행에 유용한 프로그램들을 활용할 수 있도록 한다.

　인터넷을 통해 공통의 관심을 가진 이들이 만든 동호인 집단이 있다. 이 집단은 수는 수천 개에 이르고 각 집단의 목적에 따라 유용한 정보를 올려놓았거나 서로 연결하여 아이디어와 정보를 주고받는다. 학습자나 교수자는 자신의 목적에 맞는 집단에 가입하여 그들의 정보를 이용하고 의견을 교환할 수 있다. 고등교육과 관련한 대표적인 예를 살펴보면 다음과 같다.

a. World Lecture Hall[48]

　WLP(World Lecture Hall)는 Web을 통해 온라인으로 강의를 진행하고 있는 전 세계 여러 교수들의 (강의) 홈페이지를 링크해 놓은 방대한 교수자료의 데이터베이스이다. 회계학(Accounting)으로부터 동물학(Zoology)에 이르는 90여 개의 주제 영역들이 알파벳순으로 정리되어 있어 관심분야에 따라 쉽게 접근할 수 있으며, 각 항목들에 링크되어 있는 과목들의 참고문헌, 강의노트는 물론 강의계획서, 과제, 평가, 학사운영 등까지도 살펴볼 수 있다.

b. Lookout on US Higher Education[49]

　미국의 고등교육과 관련된 각종 통계자료, 미국 정부의 고등교육 정책, 고등교육관련 기관 및 단체, 관련 서적, 연구결과 등 미국 고등교육의 현장과 미래의 전망에 대한 모든 자료들이 한 곳에 집대성되어 있는 데이터베이스이다.

---

48) http://web.austin.utexas.edu/wlh. 참조.
49) http://volvo.ucsd.edu/scanning.htm. 참조.

c. Global Campus[50]

교육적 목적으로 사용될 수 있는 이미지·음성 파일, 텍스트, 비디오 각종 교육 자료들을 총망라해 놓은 멀티미디어 데이터베이스이다. 이 사이트에서 제공되는 거의 모든 자료들은 비영리 단체가 저작권을 가지고 있는 경우가 대부분이며, 그대로 사용 가능한 형태로 저장되어 있어 학교 현장에서 쉽게 사용할 수 있다. '비즈니스, 예술, 공학, 인문과학, 도서관, 과학'의 6개 항목별로 자료들이 범주화되어 있어 자료의 검색이 용이하다.

2. 일본의 원격대학

1) 일본의 원격대학의 발전과정 및 현황

(1) 개 요

일본에서는 이미 50여 년 전부터 대학교육은 물론 초·중등 교육에서 통신교육을 바탕으로 하는 교육제도가 시행되어 왔다. 최근에는 정보통신 기술(IT)을 활용한 원격교육을 고등교육 및 평생학습 정책에 접목시키려는 노력이 경주되고 있다. 이러한 점은 '사회인 캐리어 업 100만인 계획', 'e-유니버시티와 위성 캠퍼스'가 관심의 대상이 되면서 고등교육의 개혁의 일환으로 논의되고 있다.

일본도 우리나라와 같이 교육제도 법정주의를 채택하고 있기 때문에

---

50) http://www.csulb.edu/~gcampus. 참조.

교육관련 법률에 근거하여 공교육제도를 관리·운영하는 형태를 취하고 있다. 따라서 교육제도의 모습은 법률의 변경에 따라 변화된다는 점에서 우선 법률의 내용을 정확하게 파악해야 할 필요성이 있다.

일본에서 대학이 통신교육을 할 수 있는 근거는 1947년 제정된 학교교육법 제52조의 2의 "대학은 통신에 의한 교육을 실시할 수 있다."는 규정과 제54조의 "대학에는 야간에 수업을 행하는 학부 또는 통신에 의한 교육을 행하는 학부를 둘 수 있다."고 규정한 것에서 찾아볼 수 있다. 그 후 1981년에 개정된 학교교육법은 제54조의2 제2항에 "대학에서는 통신에 의한 교육을 하는 학부를 둘 수 있다."는 규정을 추가하여 독립된 형태의 통신교육과정을 설치할 수 있는 근거를 마련하였다. 이 부분이 바로 '통신교육학부'라고 지칭되는 것이며, 최근 우리나라에서 일반대학교에 원격학부를 설치하는 것에 대한 논의가 진행되고 있는 것이 이 제도와 유사한 것이라고 생각된다.

이러한 법적 근거에 의하여 현재 일본에는 공교육기관으로서의 일본방송통신대학과 일반대학교에 설치된 '원격교육학부'를 통하여 원격교육이 이루어지고 있다.

(2) 일본의 방송대학

일본의 방송대학[51]은 복잡화된 사회의 연령층에 구애되지 않고 문화적 욕구가 증대하고 있는 현실과 교육에 대한 강한 관심 및 다양한 학습 의욕이 높아지고 있는 현실에 부응하기 위하여 1981년 방송대학학원법(放送大學學園法)에 근거하여 설치된 대학이다.

일본의 방송대학은 설립 취지에 부응하기 위하여 평생학습기관으로서 폭넓은 사회인에게 대학교육의 기회를 제공하고, 새로운 고등교육시스템

---

51) http://www.u-air.ac.jp/index.html 참조.

으로서 고등학교 졸업자에 대해 유연하고 유동적인 대학 진학 기회를 제공하는 것을 목적으로 하고 있다. 더 나아가 일본의 방송대학은 폭넓은 대학관계자들이 모여 있는 교육기관으로서 기존의 대학과 협력관계를 맺어 최신의 연구 성과와 교육기술을 활용한 새로운 시대의 대학교육을 선도함은 물론 다른 대학과의 단위 교환의 추진, 교원교류의 촉진, 방송교재활용의 보급 등에 이바지함으로써 일본 대학교육의 개선에 이바지한다는 새로운 형태의 대학으로서의 설립목적을 선언하고 있다.

일본의 방송대학은 1989년 4월 제1회 졸업생을 배출한 이래 현재까지 40,601명의 졸업생을 배출하였으며, 2006년 현재 재학생의 수는 다음의 <표 Ⅱ-17>과 같다.

그리고 재학생의 비율은 교양학부의 경우 여성(48,694명)이 남성(35,859명)보다 많은 반면 대학원의 경우는 남성(3,842명)이 여성(3,233명)보다 많이 재학하고 있다. 그리고 연령대에서는 교양학부의 경우 30대가 가장 많은 비중을 차지하고 있는 반면 대학원의 경우는 40대가 가장 많이 재학하고 있다.

〈표 Ⅱ-17〉 2006년 현재 재학생 수

교양학부		대 학 원	
학생의 종류[52]	재학생 수	학생의 종류 등	재학생 수
전과이수생	57,021명	수사전과생	1,393명
선과이수생	17,786명	수사선과생	4,488명
과목이수생	7,744명	수사과목생	1,194명
특별청강학생	2,002명	특별청강학생	0명
합 계	84,553명	합 계	7,075명

출처: http://www.u-air.ac.jp/hp/guide/guide06.html. 참조.

---

52) 용어
　　□ 전과이수생: 전공에 소속되어 대학졸업을 목적으로 필요한 수업과목을 이수하는 학생

(3) 일본의 주요 원격학부

현재 일본의 유수한 대학들은 학교교육법 제54조의2의 제2항에 근거하여 통신교육부를 설치·운영하고 있다. 이를 통하여 약 30여만 명에 가까운 자국 학생들이 통신교육부에 재학 중이며, 3~4년 전부터는 우리나라 학생들도 통신교육부에 입학하기 시작하여, 현재 약 400여 명의 재학생이 있는 것으로 알려지고 있다. 일본에서 통신교육을 수행하고 있는 주요 대학의 사례를 개괄적으로 살펴보면 다음과 같다.

먼저 호세이대학(法政大學)이 있다. 이 대학은 일본에 있어서 가장 빨리 대학통신교육제도를 도입한 학교 중 하나이다. 호세이대학은 1947년 일본에서 대학통신교육제도가 도입되자 바로 동 년도에 법학부로부터 통신교육부를 설치한 이래 1948년 경제학부, 문학부를 개설하는 등 일본 대학사회에 있어서 통신교육을 선도하고 있다. 현재에는 법학부(법률학과), 문학부(일본문학과, 지리학과, 사학과), 경제학부(경제학과, 상업학과)에서 1학년 신입생과 편입생을 모집하면서 통신교육과정을 운영 중에 있다.[53]

게이오대학(慶應義塾大學)도 통신교육을 실시하고 있다. 일본 최고 명문 사학의 하나로 꼽히는 게이오대학은 일본통신교육을 선도하는 대표적인 학교 중 하나이다. 먼저, 게이오대학은 1948년 문학부, 경제학부, 법학부의 통신교육과정을 개설하여 동년 여름 일본 대학통신교육과

□ 선과이수생: 희망하는 1과목 내지 수개 과목을 선택해서 이수하는 학생
□ 과목이수생: 희망하는 1과목 내지 수개 과목을 선택해서 이수하는 학생
□ 수사전과생: 프로그램에 소속하여 대학원수료를 목적으로 그 요건을 충족하면 수사(학 술)학위를 받음
□ 수사선과생: 대학원수사레벨의 학습을 원하는 경우 스스로 학습테마에 따라 과목을 선택하여 1과목부터 이수하고, 이수단위는 나중에 수사전과생으로 입학한 경우 수료요건단위로 인정받음(재학기간은 1년 2학기)
□ 수사과목생: 대학원수사레벨의 학습을 원하는 경우 학스테마에 따른 과목을 선택하여 1과목부터 이수가능(재학기간은 1학기 6개월)

53) http://www.tsukyo.hosei.ac.jp 참조.

정에 최초의 여름스쿨링(통신교육의 교실수업)을 실시한 이후, 1950년 3월에 게이오대학 통신교육을 정규대학으로 인가받았으며, 1952년 3월에는 통신교육과정에 따라 최초의 학사 34명을 배출하기도 하였다. 현재, 게이오대학은 경제학부(경제학과), 문학부(문학과, 철학과, 사학과), 법학부(법률학과, 정치학과)에서 통신교육과정 신입생과 편입생을 모집 중에 있다.[54]

오사카예술대학(大阪藝術大學)은 1945년 설립된 4년제 정규종합대학으로서 2001년 통신교육부 예술학부를 설치하였는데, 예술 계통에 있어서의 대표적인 통신교육과정을 운영하는 대학이다. 오사카예술대학에서는 미술학과(회화, 판화), 디자인학과, 문예학과, 건축학과, 사진학과, 방송학과, 공예학과(금속공예, 도자기공예, 섬유공예), 영상학과(비디오, 애미메이션, 만화), 환경계획학과에서 1학년 신입생을 통신교육과정으로 모집 중이며, 건축학과를 제외한 학과에서 편입생도 모집하고 있다.[55]

아이치산업대학(愛知産業大學)은 나고야 인근에 위치한 50여 년 전통의 디자인 계열 정규 4년제 대학으로서 1996년 4월에 산업디자인학과를 대상으로 통신교육학부를 설치하여 오늘에 이르고 있다. 현재 조형학부 산업디자인학과에 시각정보디자인전공, 건축디자인전공, 조형미술전공, 생활디자인전공을 대상으로 신입생과 편입생을 모집하여 졸업생들을 배출하고 있다.[56]

이러한 대표적인 대학들을 포함하여 일본에 있어서 통신에 의한 교육을 행하는 대학은 2006년 5월 1일 기준으로 43개교(그 가운데 통신제 학부를 설치한 대학은 36개교, 대학원을 설치한 대학은 19개교), 단기(전문)대학은 9개교이다. 이는 전년도인 2005년도와 비교하여 대학은 1개교 증가, 대학원은 동수, 단기(전문)대학은 1개교 감소한 수치이다.

---

54) http://www.tsushin.keio.ac.jp 참조.
55) http://www.osaka-geidai.ac.jp/index.html. 참조.
56) http://asu-group.net/tsukyo/univ/index.html. 참조.

　　2006년 현재 고등교육기관에서 통신교육을 받는 학생 수를 살펴보면 대학 24만5천 명, 대학원 9천5백 명, 단기(전문)대학 2만8천 명으로서 이는 전년도보다 대학은 1천 명 증가, 대학원은 2백 명 감소, 단기(전문)대학은 거의 비슷한 수준이다. 특히, 정규 과정 학생 수는 대학 19만8천 명, 대학원 3천5백 명, 단기(전문)대학 2만7천 명 수준으로서 이는 2005년도보다 대학은 2천 명 정도 감소한 것이고 대학원, 단기(전문) 대학은 각각 2백 명 정도 증가한 것이다.

　　한편, 2006년 기준으로 통신교육에 있어서 정규과정 입학자 수는 대학 1만4천 명, 대학원 1천2백 명, 단기(전문)대학 5천5백 명이며, 대학은 2백 명, 단기(전문)대학은 3백 명 각각 감소하고, 대학원은 전년도와 거의 유사한 수준을 보이고 있다.

〈표 Ⅱ-18〉 학교수, 학생 수, 입학자 수 및 전임교원 수 변화 추이
(대학 통신교육)

구 분	학 교 수			학생 수	정규과정	입학자 수	전임 교원 수
	계	사 립					
		통신교육부 설치 대학 (방송대학학원 설립 제외)	방송대학학원 설립				
	교	교	교	명	명	명	명
1995	15	14	1	212,134	172,984	18,579	105
2000	20	19	1	219,711	175,898	15,591	143
2001	23	22	1	223,481	180,244	19,990	162
2002	28	27	1	225,911	185,773	17,183	219
2003	31	30	1	234,635	191,333	13,498	266
2004	33	32	1	241,615	196,648	14,200	379
2005	35	34	1	246,029	200,393	14,090	350
2006	36	35	1	245,183	198,499	13,905	370

〈표 Ⅱ-19〉 학교수, 학생 수, 입학자 수 및 전임교원 수 변화 추이
(대학원 통신교육)

| 구 분 | 학 교 수 | | | 학생 수 | 정규 과정 | 입학 자 수 | 전임 교원 수 |
| | 계 | 사 립 | | | | | |
		통신교육부 설치 대학(방송대학학 원 설립 제외)	방송대 학학원 설립				
	교	교	교	명	명	명	명
1995	―	―	―	―	―	―	―
2000	(4) 2	2	―	763	747	388	10
2001	(5) 2	2	―	1,009	1,000	460	8
2002	(9) 5	5	(1)	11,028	1,796	1,100	36
2003	(11) 4	4	(1)	14,036	2,574	1,191	43
2004	(12) 6	6	(1)	9,767	3,024	1,255	50
2005	(12) 7	7	(1)	9,634	3,330	1,228	63
2006	(12) 7	7	(1)	9,474	3,512	1,226	68

(주) 대학, 대학원의 학교수에 있어서 방송대학학원립의 대학 및 대학원은 2004
년부터 사립에 계상하고 있음.
(주) 대학원 학교수의 (　)안은 대학의 학교수의 再揭임.

〈표 Ⅱ-20〉 학교수, 학생 수, 입학자 수 및 전임교원 수 변화 추이
(단기〈전문〉대학 통신교육)

| 구 분 | 학 교 수 | 학생 수 | 정규과정 | 입학자 수 | 전임교원 수 |
	사립통신교육부를 설치 대학				
	교	명	명	명	명
1995	10	41,915	40,630	11,414	51
2000	10	28,108	26,622	5,285	32
2001	10	25,966	24,428	4,912	32
2002	10	24,922	23,459	4,656	28
2003	10	24,558	22,980	4,652	32
2004	9	26,778	25,215	5,679	16
2005	9	28,424	26,773	5,842	45
2006	8	28,456	26,929	5,532	31

　　그리고 일본 고등교육에 있어서 통신교육을 받는 학생 수 특히 대학 수준의 교육을 받는 정규 과정 학생들의 연령별 분포를 살펴보면 30대가 가장 많아서 총 60,391명이 대학에서 통신교육으로 정규 과정을 이수하고 있다. 또한, 40대 이후의 학생들도 40대 34,972명, 50대 23,224명, 60대 이상 12,959명의 분포를 보이고 있는바, 연령대가 높아짐에도 불구하고 통신교육이 학령기를 지난 성인들에게 고등교육 기회를 부여한 중요 통로가 되고 있음을 보여주고 있다.

<표 Ⅱ-21> 통신교육(정규 과정) 연령별 학생 수(2006)

구 분		계			18-22세			23-24세			25-29세		
		計	男	女	計	男	女	計	男	女	計	男	女
대학	계	198,499	81,195	117,304	20,050	10,553	9,497	13,301	6,264	7,037	33,602	15,578	18,024
	사립	198,499	81,195	117,304	20,050	10,553	9,497	13,301	6,264	7,037	33,602	15,578	18,024
	그중 방송대학 학원 설립	57,013	23,463	33,550	1,918	1,118	800	1,547	849	698	5,533	2,884	2,649
대학원 (석사)	계	3,202	1,875	1,327	8	6	2	48	25	23	310	165	145
	사립	3,202	1,875	1,327	8	6	2	48	25	23	310	165	145
	그중 방송대학 학원 설립	1,393	889	504	1	–	1	14	8	6	100	53	47
(박사)	계	139	85	54	–	–	–	–	–	–	4	3	1
	사립	139	85	54	–	–	–	–	–	–	4	3	1
(전문직)	계	171	155	16	–	–	–	–	–	–	12	8	4
	사립	171	155	16	–	–	–	–	–	–	12	8	4
단기(전문)대학 (사립)		26,929	8,074	18,855	16,692	5,532	11,160	1,562	477	1,085	2,704	726	1,978

구 분		30-39세			40-49세			50-59세			60세 이상		
		計	男	女	計	男	女	計	男	女	計	男	女
대학	계	60,391	23,388	37,003	34,972	10,962	24,010	23,224	7,219	16,005	12,959	7,231	5,728
	사 립	60,391	23,388	37,003	34,972	10,962	24,010	23,224	7,219	16,005	12,959	7,231	5,728
	그중 방송대 학 학 원설립	16,690	6,843	9,847	13,584	4,327	9,257	10,431	3,250	7,181	7,310	4,192	3,118
대학원 (석사)	계	875	508	367	984	555	429	678	406	272	299	210	89
	사 립	875	508	367	984	555	429	678	406	272	299	210	89
	그중 방송대 학 학 원설립	338	202	136	454	280	174	328	230	98	158	116	42
(박사)	계	33	21	12	55	35	20	40	19	21	7	7	—
	사 립	33	21	12	55	35	20	40	19	21	7	7	—
(전문직)	계	101	96	5	55	48	7	3	3	—	—	—	—
	사 립	101	96	5	55	48	7	3	3	—	—	—	—
단기(전문)대학 (사립)		3,717	858	2,859	1,496	275	1,221	603	137	466	155	69	86

출처: http://www.mext.go.jp/b_menu/toukei/001/06080115/006/hi0030.xls. 참조

2) 통신교육과정과 통신교육의 설치조건

(1) 통신교육과정

일본은 통신교육과정[57]으로 개설할 수 있는 기준을 법령으로 명시하고 있다. 대학통신교육설치기준 제2조는 "대학은 통신교육으로 충분한 교육 효과가 얻어질 수 있는 전공분야에 대해서 통신교육을 행할 수 있는 것으로 한다."고 규정하고 있다. 이 규정과 관련하여 일본 문부사무차관이 소관 관련 기관이나 직원 등에 대하여 지시사항으로 내린 내용에

---

57) 通信·遠隔敎育硏究會 편, 大學·大學院通信敎育の設置·運營マニュアル, 2004. 1., p.47. 참조.

따르면 통신교육에 의해서 충분한 교육 효과를 얻을 수 있는 분야인가 아닌가는 개별적인 구체적 교육내용 등을 숙고하여 판단되어야 하는 것으로 해석하고 있다. 이에 의하면 위 기준의 제정 당시에 특정 분야에 대한 통신교육을 명확하게 금지하고 있는 것은 아니었음을 알 수 있다.

그런데 기준 제정 당시 통신교육학부의 전임교원 수를 정한 대학통신교육 설치기준 별표1 및 교사 등 면적을 정한 별표2에서는 문학관계, 교육관계, 법학관계, 경제학관계, 상학관계, 이학관계, 가정관계의 7종류만 예시되어 있었다. 이것은 대학설치기준 별표1의1 및 2에 예시된 합계 15종과 비교해서 8종이 적은 것이었다. 구체적으로는 공학관계, 농학관계, 약학관계, 의학관계, 치학관계, 미술관계, 음악관계, 체육관계는 언급이 없었다.[58]

2003년도 기준으로 대학 및 대학원 통신교육의 전공분야의 분포는 <표 Ⅱ-22>에서 보는 바와 같다. 통신교육이 실시되는 전공분야가 대학(학부)에서는 사회과학에 극단적으로 편성되어 있음에 비해 대학원에서는 각 분야에 고루 분산되어 있다.

〈표 Ⅱ-22〉 대학·대학원통신교육의 전공분야(2003년 기준)

	대학(학부 수)		대학원(전공 수)	
인문과학	7	16.3%	10	24.4%
사회과학	24	55.8%	10	24.4%
공　　학	1	2.3%	4	9.8%
보　　건	0	0.0%	5	12.2%
가　　정	1	2.3%	0	0.0%
교　　육	4	9.3%	4	9.8%
예　　술	4	9.3%	2	4.8%
기　　타	2	4.7%	6	14.6%

출처: http://dcs.unomaha.edu. 참조.

---

58) 현재에는 문학 관계, 교육학·보육학 관계, 법학 관계, 경제학 관계, 사회학·사회복지학 관계, 이학 관계, 공학 관계, 가정 관계, 미술 관계, 음악 관계 등 총 10개의 종류가 규정됨.

이에 대하여 일본 방송대학에서 개설되어 있는 교육과정을 살펴보면 교양학부와 대학원으로 나뉘어져 있다.

교양학부는 기존의 학문분야와는 달리 3개의 코스와 6개의 전공으로 구성되어 있다. 또한 대학원은 4개의 프로그램으로 운영을 하고 있다. 일본 방송대학이 운영하는 교양학부와 대학원의 개설프로그램은 일반대학 또는 대학원과 차별을 두고 있는 점에 특징이 있다. 이러한 점은 우리나라의 방송통신대학교가 일반대학교와 중복되는 학과를 중심으로 개설되어 있는 점과 차이를 보이고 있다.

<표 Ⅱ-23> 일본 방송대학의 2006년 학부과정 및 전공

	전공	교육목표
생활과학	생활과 복지	풍요로운 생활을 만들기 위해서 의식주·건강·복지 등 생활과 관련된 제 문제를 이해하고 탐구함
	발달과 교육	육아나 청소년의 교육지도를 위한 기본적 지식을 습득함과 동시에 인간에 있어서 교육의 역할에 관해서 이해함
산업·사회	사회와 경제	정치·경제·사회의 구조와 움직임의 기본적 문제에 관해서 이해함
	산업과 기술	산업·기술의 발전 동향이나 경영관리의 모습에 관한 지식을 탐구함
인문·자연	인간 탐구	현대문명이나 지역문화의 성질과 그 발전의 역사를 탐구하면서 인간의 사상·문학·예술 등에 관해서 이해함
	자연의 이해	자연의 본질에 관한 다양한 관점을 배우고 인식을 탐구 자연과 인간생활과의 관련성을 이해함

출처: http://www.u-air.ac.jp/hp/depart/depart01.html. 참조.

〈표 Ⅱ-24〉일본 방송대학의 2006년 대학원 과정

프로그램	개 요
통합문화 프로그램	인문·사회과학과 자연과학에 걸친 발상과 사고를 익혀 정보·환경 등의 학제 간, 복합영역에서 새로운 지식의 패러다임을 창조하고 그 결과 사회에 공헌하는 인재를 양성함. ○ 문화정보과학군: 현대에 정보 흐름과 콘텐츠의 실태와 가능성에 관하여 종합적인 식견과 판단력을 가진 교육·문화·과학기술 등의 분야에서 실천적 활동을 할 수 있는 인재의 양성 ○ 환경시스템과학군: 과학기술의 영향이 큰 현대사회에서 요구되는 자연과학적 사고와 실천능력의 기초를 양성
정책경영 프로그램	공공기관, N P O·N G O,기업 등에서 국제표준의 매니지먼트능력이나 정책입안능력을 갖춘 지도적 인재의 양성
교육개발 프로그램	정확한 분석능력과 뛰어난 실천적 지도력, 교육조직의 충분한 관리운영능력을 가진 현대 학교와 지역사회가 직면하는 교육문제에 적극적으로 개입하여 다양한 평생학습 욕구에 대응할 수 있는 지도적 인재의 양성
임상심리 프로그램	다양한 분야에서 심각성이 부각되는 심리적 문제에 대응할 수 있는 심리임상가의 양성

출처: http://www.u-air.ac.jp/hp/graduate/graduate01.html. 참조.

(2) 통신교육의 설치조건

일본에서 대학통신교육의 설치 및 운영기준은 문부과학성령인 「대학통신교육설치기준」이 정하고 있다. 동 기준은 통신교육을 행하는 대학을 설치하거나 대학에서 통신교육을 개설하는 데 필요한 최소한의 기준이 되며, 대학은 스스로 행하는 통신교육에 관해서 이 설치 기준보다 저하된 상태가 되지 않도록 함은 물론 그 수준의 향상을 도모하는 데 노력할 것을 요구하고 있다(대학통신교육설치기준 제1조). 동 기준 제13조는 "통신교육을 실시하는 대학의 조직, 편제, 시설, 설비, 기타 통신교육을 실시하는 대학의 설치 또는 대학에 있어서의 통신교육 개설에 관한 사항으로, 이 성령에 정하지 않은 것에 대해서는 대학설치기준(제23조[59] 제외)이 정하는 바에 의한다."고 규정하고 있다. 즉, "대학통신교육설치기준"은 "대학설치기준"의 특별법적 의미를 갖기 때문에 대학의 통신교육과 관련하여서 일차적으로는 "대학통신교육설치기준"에 따르고 그 규정이 없을 때에 한하여 "대학설치기준"의 적용을 받는다. 대학통신교육설치기준이 정하는 바에 따른 교원 관련 사항, 시설 기준, 수용 정원 등에 관하여 살펴보면 아래와 같다.

① 교원관련

대학통신교육 설치 기준은 전임교원 수에 대해 별표 제1에서 명문으로 정해 놓고 있는데 이의 내용은 아래의 <표 Ⅱ-25>와 같다.

<표 Ⅱ-25> 별표 제1 통신교육학부의 전임 교원 수(제9조 관련)

학부의 종류	수용정원 8,000명 경우의 전임교원 수	수용정원 12,000명 경우의 전임교원 수	수용정원 16,000명 경우의 전임교원 수
문학관계	17	21	25
교육학·보육학 관계	17	21	25
법학관계	21	23	27
경제학관계	21	23	27
사회학·사회 복지학관계	21	23	27
이학관계	21	23	27
공학관계	21	23	27

---

59) 대학설치기준 제23조(각 수업 과목의 수업 기간) 각 수업 과목의 수업은 10주 또는 15주에 걸치는 기간을 단위로서 실시함. 다만, 교육상 특별한 필요가 있다고 인정되는 경우는 이 기간보다 짧은 특정의 기간에 있어 수업을 실시할 수 있음.

학부의 종류	수용정원 8,000명 경우의 전임교원 수	수용정원 12,000명 경우의 전임교원 수	수용정원 16,000명 경우의 전임교원 수
가정관계	17	21	25
미술관계	17	21	25
음악관계	17	21	25

비고: 1. 수용정원이 위의 별표 제1에 예시된 수를 넘는 경우에는 그 넘는 수용
정원에 따라 상당수 교원(정원 400명당 교원 3명)을 증가시키도록 한다.
2. 별표 제2에서 수용정원이 예시 수를 넘는 경우를 규정하고 있고, 여기
서 수용정원 401인 이상 799인 미만의 경우에는 수용정원 80인에 대해
1인의 교원을, 801인 이상의 경우에는 수용정원 400 / 3인에 대한 교원
1인을 각각 규정 수의 교원 수에 더하도록 하고 있다.

그리고 대학통신교육설치기준 제12조는 "대학은 첨삭 등에 의한 지
도 및 교육상담을 원활히 처리하기 위하여 적당한 조직 등을 마련하는
것으로 한다."고 규정하고 있다. 통신교육에 있어서 첨삭 등의 지도는
통신교육에 있어서 불가결한 수업방법이고 또한 이는 원칙상 각 수업
과목 담당 교원이 각각 적절한 첨삭 등의 지도를 행해야 한다. 그러나
현실을 보면 한 과목의 수용 정원이 수백 명부터 1,000명을 넘는 경우
도 있기 때문에 담당교원이 모든 학생들에 대해 일일이 첨삭지도를 하
는 것이 불가능함을 인식하여 마련된 규정이다. 따라서 담당교원을 대
신하여 첨삭지도 등을 행하는 자를 상당수 배치하고, 이것을 위한 적
절한 조직을 갖출 필요가 발생한 것이다. 따라서 각 대학들은 대학원
수사과정 또는 박사과정 전기 수료자, 당해 대학 비상근 강사, 타 대학
교원 등으로서 첨삭 등을 위한 지도 체제를 갖추고 있다. 실제 각 대
학에서는 이들을 비상근강사 또는 첨삭지도교원, 레포트첨삭요원 등으
로 부르면서, 대학의 규모 등에 따라 차이는 있지만 평균 1개교당 100
여 명 정도를 두고 있다. 그 밖에도 입학, 과정이수, 학습방법, 학생회
활동과 관련된 상담을 행하는 학생상담원 조직을 두는 대학이 많다.

이들 상담원은 주로 당해 통신교육학부 졸업생들로 고용되는 경향이 크다. 또한, 별도로 교육보조 업무 및 학생 지원을 위한 강의 조교(TA), 튜터 제도 등이 갖추어져 있는 곳들도 다수 있다.[60]

② 수용정원

통신교육과정에 대한 수용정원은 대학통신교육설치기준에서는 명시적으로 규정하고 있지 않다. 따라서 대학설치기준에 관한 규정이 준용된다. 구체적으로는 전공분야의 종류, 병설되어 있는 통학과정의 수용정원, 그리고 전임교원 수, 교지, 교사 등의 교육 조건을 종합적으로 고려하여 결정된다. 최근 설치된 대학의 예들을 보면, 통학과정의 1.5배부터 6배 정도까지 그 폭이 다양하다. 한편, 1992년 6월 대학설치기준의 개정에 의해 일반학부에서 편입학 정원의 설정이 가능하게 된 것과 같이, 통신교육학부에서도 편입학 자를 수용하는 것이 가능해졌다.[61] 이와 관련한 일본 방송대학 및 통신교육학부의 수용인원에 관해서는 이미 앞의 내용에서 제시를 하였으므로 그 내용이 참조가 될 것이다.

③ 교사, 교지 등 통신교육관계 시설

통신교육만을 실시하는 학부(통신교육학부)를 두는 대학은 통학과정의 학부에 준해서 대학설치기준이 요구하는 교사를 가지고 있어야 하며, 그 외에 특별히 첨삭 등에 의한 지도 및 인쇄교재 등의 보관 및 발송을 위한 시설(통신교육관계시설)을 확보하여야 한다. 교사 등의 면적은 대학통신교육설치기준 제10조에 근거한 별표 제2에서 정하는 기준을 충족시켜야 한다.

---

60) 通信·遠隔敎育硏究會 편, 상계 マニュアル, 81면.
61) 상계 マニュアル, 82~83면.

〈표 Ⅱ-26〉 별표 제2 통신교육학부의 교사 등 면적(제10조 관련)

학부의 종류	수용정원 4,000명 경우의 면적 (평방미터)	수용정원 8,000명 경우의 면적 (평방미터)	수용정원 12,000명 경우의 면적 (평방미터)	수용정원 16,000명 경우의 면적 (평방미터)
문학관계	3,440	5,790	8,390	11,000
교육학·보육학 관계	3,440	5,790	8,390	11,000
법학관계	3,690	6,040	8,520	11,130
경제학관계	3,690	6,040	8,520	11,130
사회학·사회복지학관계	3,690	6,040	8,520	11,130
이학관계	7,660	13,560	19,630	25,870
공학관계	8,750	15,490	22,420	29,550
가정관계	5,520	9,660	14,120	18,590
미술관계	5,340	9,350	13,670	18,000
음악관계	4,780	8,370	12,230	16,100

그리고 주간 또는 야간에 수업을 실시하는 학부가 통신교육을 병행하는 경우에 대학은 통신교육 관계시설 및 면접수업을 실시하는 시설에 대해 교육에 지장이 없도록 하여야 한다(대학통신교육설치기준 제10조 제3항). 따라서 통학과정과 같은 시간대에 다수 학생의 면접수업을 행하는 등의 경우에 있어서는 소요 교사 면적을 증가시킬 필요가 있지만, 여름 또는 겨울 휴가기 등 통학과정의 수업이 없는 시기에 면접수업을 실시하는 경우에는 그 제한이 없다고 할 것이다. 그 밖에도 도서관의 열람실도 통신교육을 받는 학생의 이용에 지장이 없도록 상당수의 좌석을 갖추도록 요구하고 있으며, 각 지역에서 면접수업을 실시하는 경우에는 각각의 장소에 필요한 도서를 갖춘 도서실 등을 설치하도록 권고하고 있다.62)

---

62) 상계 マニュアル, 84면.

3) 학 비

(1) 개 요

일본의 대학통신교육에서는 일반적으로 수업료라는 용어 대신 '학비' 혹은 '교육비'라고 한다. 대학통신교육에서는 '면접수업'의 졸업요건은 통학과정의 4분의 1인 30단위로 되어 있다. 재단법인 사립대학통신교육협회에 가입한 사립대학 22개 대학의 학비(1차년도 입학의 경우)의 평균(2003년 기준)은 입학제경비 약 35,800엔(최저 18,000엔~최고 53,000엔), 교육비 등 경비 약 120,400엔(최저 59,000엔~최고 285,000엔), 합계 156,200엔(최저 77,000엔~최고 325,000엔)이라고 한다.

여기서 입학제경비에는 전형료, 입학금 등이 포함되고, 교육비 등 경비에는 교육비, 보조교재비 등이 포함된다. 면접수업료(Schooling비용)는 별도 징수하는 대학이 많지만, 교재비는 교육비에 포함하고 있는 대학이 거의 대부분이다.[63]

(2) 통신교육학부

일본의 대학에서 실시하는 통신교육학부의 경우는 앞에서 지적한 것처럼 각각의 대학마다의 등록금정책에 따라 학비가 책정되므로 그 편차가 다양하다. 따라서 여기서는 게이오대학(慶應義塾大學)의 경우를 살펴보면 아래의 <표 Ⅱ-27>과 같다.

---

63) 상게 マニュアル, 85면.

〈표 Ⅱ-27〉 게이오대학 통신교육학부 학비(2006년)

(단위: 円)

	교재배부 중		교재배부완료
	1차년도	2차년도 이후	
전 형 료	10,000	없음	없음
등 록 료	30,000	없음	없음
교 육 비	70,000	70,000	42,000
보조교재비	8,000	8,000	8,000
과목시험료	3,000	3,000	3,000
합 계	121,000	81,000	53,000

출처: http://www.tsushin.keio.ac.jp/gakuhi/index.shtml. 참조.

　위 표에 의한 항목 이외에도 면접수업을 위한 수강료에 관해서는 별도로 비용을 부여하고 있다.

〈표 Ⅱ-28〉 면접수업 수강료

	단 위	금 액
여름학기 면접수업	4단위	16,000
체육실기 면접수업		10,000
실험 면접수업		10,000
야간 면접수업	4단위	16,000
동계 체육실기 면접수업(스키)	10,000＋숙박비, 잡비	
통년 면접수업	별도로 정함	
방송수업	1단위	4,000

출처: http://www.tsushin.keio.ac.jp/gakuhi/index.shtml. 참조.

(3) 일본 방송대학

　일본 방송대학 교양학부의 방송수업은 1과목 2단위로 구성되어 있기 때문에 1과목당 수업료는 22,000円이고, 면접수업은 1과목이 1단위이므로 5,500엔이다. 입학료는 입학 시에만, 수업료는 각각의 학기 개시 전에 이수등록을 한 과목의 합계 단위 수(등록단위 수 × 5,500엔)를 지정 금융기관 등에 납입하면 된다. 여기에는 인쇄교재(텍스트)에 관한 비용이 포함되어 있다. 2006년 현재 입학료와 수업료(124단위분)를 합쳐 졸업까지 필요한 경비로 최소 704,000엔이 필요하다.[64]

대학원과정의 학비는 아래의 <표 Ⅱ-29>와 같이 세부 항목으로 구분되어 있다. 그리고 교양학부와 대학원 모두 일정한 입학료의 할인과 수업료의 할인혜택을 부여하고 있다.

〈표 Ⅱ-29〉 입학검정료·입학료·수업료일람(2006년 4월 현재)

학생의 종류	입학검정료	입학료	수업료	연구지도료[주1]
수사전과생	30,000円	44,000円	1단위당 11,000円[주2]	1年에 88,000円
수사선과생	없음	16,000円	1단위당 11,000円	없음
수사과목생	없음	12,000円[주3]	1단위당 11,000円	없음

출처: http://www.u-air.ac.jp/hp/graduate/graduate03.html 참조.
　주1) 연구지도(8단위)를 이수할 수 있는 것은 수사전과생만임.
　주2) 임상심리프로그램의 연습·기초실습 및 실습 3과목에도 적용함.
　주3) 2007년 1학기부터 수업료 개정됨.

4) 교육형태

(1) 개　요

일본의 대학통신교육에서 채택하고 있는 교육형태는 크게 4가지이다.

---

64) http://www.u-air.ac.jp/hp/depart/depart03.html. 참조.

이와 관련하여 대학통신교육설치기준 제3조 제1항은 첫째, 인쇄교재 및 기타 이에 준하는 교재를 송부 혹은 지정하여 주로 이에 의해 교육시키는 수업(인쇄교재 등에 의한 수업), 둘째, 주로 방송 기타 이에 준하는 것의 시청에 의해 수학시키는 수업(방송수업), 셋째, 대학설치기준 제25조 제1항의 방법에 따른 수업(면접수업), 넷째, 대학설치기준 제25조 제2항의 방법에 따른 수업(미디어를 이용하여 행하는 수업)을 규정하고 있다. 이하에서 각각의 교육형태의 내용을 살펴보기로 한다.

(2) 인쇄교재 등에 의한 수업

일본의 대학통신교육에서 가장 중심적인 교육형태는 21세기 정보화 시대인 오늘날에도 '인쇄교재 등에 의한 수업'이 차지하고 있다. '인쇄교재 등에 의한 수업'이란 "인쇄교재 및 기타 이에 준한 교재를 송부 혹은 지정하여 주로 이에 의해 수학시키는 수업"이라고 한다. 이때 인쇄교재의 범위는 통신교육만을 위해 개발된 독자적인 교재뿐 아니라 이미 출판되어 시중에서 판매되고 있는 교재를 송부 혹은 지정하는 경우도 가능하다. 그리고 1998년 3월 대학통신교육설치기준이 개정되면서 '기타 이에 준하는 교재'라는 문구가 추가되었는데, 이는 정보통신기술의 발전에 따라 CD-ROM 등의 전자출판에 의한 교재가 널리 보급되면서 인쇄교재 중에 이러한 전자출판이 포함하는 것으로 하기 위하여 삽입되었다고 한다.

일본 방송대학의 경우 인쇄교재는 방송수업이 행해지는 과목에 모두 인쇄교재(텍스트)를 사용하여 방송수업을 시청하면서 인쇄교재에 의한 학습을 수행하도록 하고 있다. 그리고 통신교육학부의 경우에는 채용 교과목의 많고 적음은 있지만 거의 모든 대학이 시중에서 판매하는 교재를 채택하고 있는 것이 현실이라고 한다.[65]

(3) 방송수업

방송수업이란 "주로 방송 기타 이에 준하는 것의 시청에 의해 학습시키는 수업"을 말한다. 이와 관련해서 "현행의 대학통신교육설치기준의 제정 당시는 TV, 라디오방송을 이용하여 행해지는 방송대학의 수업만을 예상하였다고 생각되는데, 현재에는 방송대학 이외에도 위성통신과 ISDN 통신회선을 결합한 독자적인 교육미디어를 활용하여 개인용 컴퓨터 영상 등에 의해 교원의 수업을 각지의 교실에 배송함과 동시에 전화 등을 통해서 학생으로부터의 질문 등에도 대응할 수 있도록 배려한 형태에서의 방송수업을 실시하는 통신제의 대학이 나타나고 있다. 또 앞으로는 개인용 컴퓨터나 인터넷의 보급에 따라 그것들을 이용하여 교원의 수업을 송신하는 새로운 수업형태도 나타날 것이라고 생각한다. 이와 같은 수업형태에 관해서도, '방송수업'의 하나의 형태로서 다루어지는 것이 적당하다고 생각된다. 또 교원의 수업을 기억시킨 CD-ROM이나 DVD 등의 패키지형 미디어의 시청으로 학습 받는 경우에도 이를 '방송수업'으로 취급하는 것이 적당하다"는 대학심의회의 답신을 바탕으로 인터넷과 같은 유선통신을 이용하여 교원의 수업을 송신하는 수업형태에 관해서도 또 CD-ROM이나 DVD 등의 패키지형 미디어의 시청에 의한 학습에 관해서도 모두 '방송수업'의 한 형태로서 인정하고 있다.[66]

일본 방송대학의 방송수업은 매 학기 15주에 걸쳐 15회(주1회, 1회 45분)의 수업이 진행된다. 각 과목은 원칙적으로 TV 또는 라디오의 형식으로 진행되며, 경우에 따라 방송을 시청할 수 없었던 경우에는 학습센터에 구비된 비디오테이프, DVD나 오디오테이프로 다시 시청할 수

---

65) 상게 マニュアル, 58면. 2003년 기준으로 1개 대학당 시중에서 판매하는 교재의 평균 채택 교과목 수는 일반교양과목이 11과목 정도, 전문과목이 56과목 정도, 어학이 3과목 정도, 기타 과목(자격과목 등)이 12과목 정도 합계 82과목 정도임.
66) 상게 マニュアル, p.61. 참조.

있도록 하고 있다. 현재 일본 방송대학이 진행하고 있는 방송수업의 형태는 크게 지상파방송, 위성방송, Cable-TV 세 가지 형태로 제공한다. 여기서 지상파방송의 경우는 아래의 <표 Ⅱ-30>과 같이 TV와 라디오로 제공하고 있고, 위성방송은 CS Digital방송[67]으로 제공하고 있다. 특히 케이블 TV는 지상파방송, 위성방송의 내용이 재송신되는 경우에 시청할 수 있다.

〈표 Ⅱ-30〉 지상파방송에 의한 방송수업

	TV		라디오
	아날로그	디지털	
동경국(東京局)	UHF: 16ch	12ch(UHF: 28ch)	77.1MHz
전교국(前橋局)	UHF: 40ch	12ch(UHF: 28ch)	78.8MHz

출처: http://www.u-air.ac.jp/hp/system/system01.html. 참조.

(4) 면접수업

'면접수업'이란 대학설치기준 제25조 제1항에 따라 "강의, 연습, 실험, 실습 혹은 실기 등에 의해서 또는 이러한 것들을 병행하여 행하는 수업"을 말한다. 따라서 대학통신교육설치기준이 규정하는 '면접수업'은 엄밀하게는 수업(강의, 연습, 실험, 실습, 실기 등)의 실시방법을 가리키는 것이고, 교육형태는 아니라고 한다.[68]

일본 방송대학의 면접수업은 각 학습센터에서 교원으로부터 직접 지도를 받는 수업이며, 이는 졸업 시까지 20단위 이상 취득하여야 한다. 면접수업은 모든 사람이 출석하기 쉬운 평일의 저녁이나 토·일요일에도 행해진다. 이러한 면접수업의 형태는 <표 Ⅱ-31>과 같이 크게 세

---

67) 東経124·128度共用
68) 상게 マニュアル, p.61. 참조.

가지로 구분하여 시행하고 있다.

<표 Ⅱ-31> 면접수업의 종류

매주형	1학기는 5월부터 6월, 2학기는 11월부터 12월의 공휴일을 제외하고 화요일부터 금요일에 2시간 15분의 수업을 매주 총 5회를 실시(개설하지 않는 학습센터도 있음)
토일형	1학기는 4월부터 6월, 2학기는 10월부터 12월의 연속하는 토요일, 일요일 2일간, 또는 연속하는 2주간부터 3주간의 토요일 또는 일요일에 2시간 15분의 수업을 총 5회 실시
집중형	1학기는 8월, 2학기는 2월의 일정기간 내에 연속하여 2일간 또는 3일간 2시간 15분의 수업을 총 5회 실시

출처: http://www.u-air.ac.jp/hp/system/system02.html 참조

(5) 미디어를 이용하여 행하는 수업

대학통신교육에서 수업방법의 네 번째는 '미디어를 이용하여 실시하는 수업'이다. 이 수업방법은 1998년 대학통신교육설치기준이 개정되면서 통신교육의 교육방법으로 추가된 제도이다.

이 방법에는 'TV 회의식 원격수업(1998년 추가)', 즉 동시에 쌍방향으로 실시되는 것으로서, 수업을 실시하는 교실 등 이외의 교실·연구실 또는 이에 준하는 장소(대학설치기준 제31조의 규정에 의한 단위를 수여하는 경우에 있어서는 기업 회의실 등의 직장 또는 주거에 유사한 장소를 포함)에서 이수시키는 경우와 '인터넷 등 활용수업(2001년 추가)', 즉 매회 수업의 실시에 있어서 설문해답, 첨삭지도, 질의응답 등에 의한 지도를 병행하는 것이고, 또한 당해 수업에 관한 학생의 의견교환 기회가 확보되어 있는 경우가 포함된다. 이들 양자는 어느 쪽이나 문자, 음성, 정지그림, 동영상 등의 다양한 정보를 일체적으로 취급하는 것으로 면접수업에 상당하는 교육효과를 가지는 것이라는 점이 전제로서 요구된다. 그러나 'TV 회의식 원격수업'이 동시에 쌍방향으로 행해지는 것

으로 교실, 연구실 또는 이들에 준하는 장소에서 이수시키는 것이어야 함에 대하여 '인터넷 등 활용수업'은 동시에 쌍방향이 아니라도 상관없다. 또 반드시 교실, 연구실 및 이들에 준하는 장소에서 이수시킬 필요도 없다. 결국 학생은 수업을 자택에서 비동기적으로 수강하는 것이 가능해진 것이다. 한편 "인터넷 등 활용수업"에서는 매회 수업의 실시에 있어서 설문해답, 첨삭지도, 질의응답 등에 의한 지도를 병행해야 하고, 또 당해 수업에 관한 학생의 의견 교환 기회가 확보되어 있을 것이라는 요건이 필요하다.

그러나 2003년도 현재 대학설치기준 제25조 제2항에 해당하는 '미디어를 이용하여 실시하는 수업'을 실시하고 있는 대학(통신교육과정)은 10개교 정도에 불과하고, 그 개강 과목 수 및 단위수도 얼마 되지 않는 것이 현실이라고 한다.[69]

3. 영국과 홍콩의 원격대학

1) 영국과 홍콩의 원격대학 개관

세계적으로 원격대학이 활성화되어 있고 정비가 잘된 교육기관의 예를 들면, 인도의 원격교육대학교인 인디라 간디 개방학교, 홍콩 개방학교, 중국 중앙 광파 전시대학교, 영국 개방대학교, 그리고 호주의 남 퀸스랜드 대학교가 있다.

특히 1960년대 말 영국은 호주, 소련, 일본 등 다른 국가의 개방대학

---

69) 상게 マニュアル, p.63~66 참조.

들에 대한 집중적인 연구를 기반으로 짧은 시간 동안 많은 발전을 이룩하였고, 다른 유사 개방대학들의 모범적인 기관으로 성장하였다. 영국 개방대학은 1972년 이후, 매년 10만 명 이상의 대학원생과 13만 명 이상의 학부생이 과정에 입학하였고, 2,800명의 전임 직원과 5,000명이 넘는 시간제 개인교사(tutor)와 상담자가 활동하고, 영국 내 13개의 구역, 250여 개의 학습센터를 가진 원격교육기관으로서의 가장 성공적인 사례가 되었다. 영국 개방대학의 일차적 기능의 하나는 다른 개방대학과 마찬가지로 고등교육을 받을 수 있는 기회를 개방하고 원격에서 코스를 제공한다는 것뿐만 아니라 원하는 누구나 이를 사용할 수 있도록 하는 것이다.

본 연구보고서에서는 우리의 한국 방송통신대학교와 같은 다양한 교육매체와 원격교수법을 활용하여 고등교육을 실시하고 있는 대표적인 원격교육기관에 더욱 체계적이고 질 높은 원격교육 서비스 제공에 기여하고자 위에서 예시한 대학들 중 영국과 홍콩의 현황을 중심으로 교과과정, 교수와 학습의 지원체계, 그리고 질 관리 체제에 대해서 분석하고자 한다. 영국의 원격대학은 오랜 전통과 국가의 대규모 재정적 투자로 유럽에서도 성공한 대학으로 평가를 받고 있고, 이에 대한 학생들의 인지도와 사회적 인지도가 상당히 높은 것으로 나타나고 있다.[70]

2) 영국의 원격대학교(OU)

(1) 개 요

영국은 세계 최초로 교육용 초고속 정보통신망을 구축·운영했다. 또

---

[70] 영국 원격대학 Mr. Ormond Simpson 교수는 영국의 원격대학은 유럽에서도 선도적 입장에서 성공한 대학이라고 알려주고 있음.

한 정보교육의 개념을 국가 교육 과정 수준에서 제시하는 등 교육 정보화를 선도했다. 영국의 교육 정보화는 국가 산업 발전에 필요한 인력 양성을 위한 기간 사업으로 1960년대부터 시작됐다.

영국에서 고등교육기관의 정보화를 대표하는 기관이 1969년 황실칙령에 근거하여 설립되고 1971년 개교한 영국의 원격대학('OU'를 이하에서는 영국의 원격대학이라는 용어와 혼용하여 사용하기로 한다)이다. 이 대학은 영국뿐 아니라 유럽과 다른 나라들에서 사이버교육을 도입하는 데 있어서 그 기초를 제공한 것으로 평가되고 있다. 여기서는 사이버교육의 제공과 함께 교원과 기업체 직원의 연수를 담당하고 있으며, 최근에는 교육 대상을 유럽 지역의 성인에게까지 확대시켰다.

영국의 원격대학은 원격교육 기술의 발달에 따라서 원격대학으로 전환함으로써 일부 과정을 가상공간에서 수업하거나, 주된 교육매체를 방송에서 컴퓨터통신체제로 전환하는 방법을 통하여 영국에서 매년 배출되는 대졸자의 90%정도를 배출하고 있다고 하며, 높은 수준의 교육내용을 제공하는 대학이라는 평가를 받고 있다. 교육학적 측면에서의 선구적 업적 외에도 영국의 경제발전과 고용안정, 사회적 형평을 높이는 데 크게 기여한 대학이다.[71]

학생의 80%가 정규 근로자이며 남녀의 학생 수가 거의 같고 학생의

---

71) 현재 OU에 재학하고 있는 학생들 중 1/3에 가까운 학생들이 영국의 일반적인 대학들이 요구하는 입학자격요건에 미달하는 학생들이라는 점은 주목해야 함. 그들 중 상당수는 영국 대학교육과정의 표준을 따르는 OU가 대학교육의 질을 평가하는 2004년도 대학평가에서 5위를 차지할 정도로 높은 교육을 실시하고 있다고 알려짐. 이것은 개방입학제로 인해 학력이 높지 않은 많은 학생들이 OU에 입학함에도 불구하고 대학교육의 질을 유지하기 위한 각고의 노력을 OU가 기울인 결과라고 할 수 있을 것임. 개방입학제의 가장 큰 문제점은 입학한 학생들이 대규모로 학업을 포기하는 것인데, 이에 대비하여 예비등록 기간 제도를 도입하게 됨. OU의 아이디어에 반대했던 사람들은 신입생들의 대규모 학업포기 사태가 예상되는 것에 대해서 비판을 가하였고, 그런 상황이 실제로 벌어진다면 OU의 생존은 보장할 수 없었을 것이므로 그런 사태를 최소화하기 위한 조치를 강구해야만 했는데, 그 조치는 예비등록 기간을 두는 제도를 통해 어느 정도 해소가 됨.

절반이 생산직 근로자인 아버지를 가졌다는 점(일반대학의 경우 20%)이 특이하다. 또한 다른 영국대학을 합친 것보다 훨씬 많은 수의 장애자 학생이 재학 중이다. 연령별 분포는 우리나라의 경우와 마찬가지로 21세부터 70세까지 폭넓게 분포하고 있으며 20대 후반부터 30대가 60% 이상을 차지한다. 직업별로 보면 초기에는 교사나 전문직이 많았으나 현재는 기술 분야에 종사하는 사람이 많다. 주요 교수 프로그램으로는 대학과정, 학부 후 과정, 준 학생과정이 있고, 기타 프로그램으로는 연구프로그램, 국제활동 프로그램, 경영프로그램 등이 있다. 현재 전임교직원은 약 1,446명이 활동하고 있다.

영국의 원격대학에 입학하는 목적은 경력을 쌓기 위해서, 좀 더 나은 직장을 위해서, 자기의 관심분야를 더 공부할 목적으로 입학을 한다. 영국의 원격대학은 약 200만 명의 졸업생과 현재(2006년 기준) 약 10만이 집과 사무실에서 공부를 하고 있는 대학이다.[72]

(2) 교육과정

영국의 원격대학 재학생 대부분은 임시직이나 정규직인 직장인들이며, 이들은 언제, 어디서나 쉽게 공부를 할 수 있고, 학습시스템이 기술한 바와 같이 잘 완비되어 있다. 또한 교육과정도 자기가 원하는 코스를 쉽게 선택할 수 있는데, 이에는 자격과정(자격증에 관련된 과정)[73], 학사학위과정, 대학원과정 등이 있다. 그리고 이러한 교육과정은 다양한 코스의 형태로 개설된다. 코스마다 그 학습량에 따라 포인트가 설정되어 있는데 수료증에는 60포인트, 자격증에는 120-130포인트, 학위과정에는 300포인트 등의 형태로 개설된다. 그리고 현재 영국의 원격대학 학부는

---

72) http://www.open.ac.uk/about/ou/p5.shtml. 참조.
73) 우리나라의 경우, 원격대학에서 총장 명의의 자격증을 발급하고 있는데, 이와 유사한 형태의 자격증제도를 운영함.

인문학부, 법학부, 수학 및 컴퓨터학부, 사회과학부, 자연과학부, 공학부, 보건사회복지학부, 교육언어학부, 경영학부 등으로 구성되어 있다. 학부의 과정은 학문의 성격마다 다를 수 있지만, 대체로 학부과정은 3년, 석사과정은 1년, 박사과정은 3년을 기본으로 하게 되었다. 그러나 공과대학의 경우 4년 과정이 많으며, 의과대학, 치과대학, 건축대학 등은 5년이다. 어느 경우이든 한 학년은 3학기제로 운영된다. 1992년의 고등교육법에 의한 고등교육기관의 확장 결과 2002년도에 영국에는 독자적으로 학위를 수여하는 정규대학이 100개, 학부대학이라 불리는 유니버시티 칼리지가 10개, 기타 고등교육기관이 50개 있다.[74]

그리고 원격대학인 영국 원격대학에서는 1998년과 2000년에 걸쳐 학습자 간 멘토링 시범사업이 추진됐다. 영국 OU는 케임브리지 지역의 학생들을 대상으로 멘토와 멘티 지원자를 모집해 코스(이수과목), 연령, 학력, 성별 등을 고려해 멘토링 그룹을 형성했다. 2000년 시범사업에서는 36명의 멘토와 51명의 멘티가 참여해 17개 코스에 걸쳐 멘토링그룹을 형성했다. 그 결과 2000년 멘토링 프로그램에서는 멘토링그룹(71%)이 일반학생보다 약 25% 높은 코스 이수율을 보였다.[75]

또한 한국의 방송통신대학과 마찬가지로 영국의 원격대학도 입학 자원이 점차 줄어드는 추세에서 학습자 지원 업무의 중요성을 강조하며 실제적 대안으로 영국 원격대학에 다음과 같은 학사운영제도를 도입하였다. 즉, 영국 원격대학의 학습자 지원 체계를 살펴보면 학생 담당 부총장이 별도로 임명돼 있고, 학생정책위원회가 구성돼 있다. 또 7천500여 명의 튜터가 면대면, 전화, e-메일 등을 이용해 각자 담당한 20~25명의 학생들에게 적극적인 학습자 지원을 담당하고 있다. 이런 결과로 영국 National Student Survey의 '학생만족도 조사' 결과에서 2005,

---

74) 김지수외 2인, 『해외 원격교육연구소 비교 연구』, 한국방송통신대학교 원격교육연구소, p.31~37 참조.
75) 한국에 있는 대구사이버대학 등에서 시도함.

2006년 모두 영국의 원격대학이 95%로 가장 높은 만족도를 보인 것으로 나타났다.

그리고 영국의 원격대학은 다른 대학에서 이수한 학점을 인정하고 있으며, 이러한 시도는 원격대학의 실용성을 높이게 하여 장기적으로는 많은 학생들을 확보하는 데 큰 역할을 하는 동시에, 학생들에게 중복된 학습을 하지 않는 2가지 장점을 택하게 되는 것이다.

(3) 평생교육입학제와 수업료

평생교육입학제는 우리나라 원격대학과 동일하게 연령 규정 이외의 다른 입학 자격 요건을 요구하지 않음으로써 성인들은 누구나 자격 제한 없이 OU에 입학할 수 있도록 하는 제도이다.[76] 또한 영국의 원격대학은 2005년을 기준으로 약 2만 명에게 장학금을 지급하였으며, 2006년도에는 더 많은 혜택을 주었다. 그리고 영국의 수업료는 계산 방법이 다른 외국 원격대학과 많은 차이점이 있어 본 보고서에서는 상세히 논의하지 않기로 한다.

영국 대학들의 일반적인 신입생 선발 과정은 중앙의 대학입학관리처에서 일괄적으로 관리하고 있지만, 개방입학제를 선택하고 있는 OU는 이의 관리를 받지 않는다. 이것도 우리나라의 원격대학과 동일한 점이라 할 수 있다. 중등교육을 마친 학생들은 대학입학관리청을 통해 일괄적으로 원하는 몇 개 대학을 지정하여 지원하면, 대학별로 학생들의 합격여부를 결정하는데, 그 이후의 일련의 과정인 입학 허가여부, 결원의 공고와 보충 등은 다시 입학관리청에서 관리하는 중앙 통합적 행정시스템으로 영국의 대입행정은 운영되고 있다. 그런데 OU만은 예외적으로 개방입학제를 선택하여 대학입학관리청을 거치지 않고 신입생들이

---

76) http://www.open.ac.uk/about/ou/p7.shtml. 참조.

입학하게 되는 것이다.[77]

모든 원격대학이 같지는 않지만, 대부분이 아래와 같은 일반적인 원칙을 가지고 있다.

 □ 누구나 이전의 교육과 관계없이 등록할 수 있다.

 □ 학생은 언제든지 코스를 시작할 수 있다.

 □ 집이나 학생이 선택하는 어느 곳에서나 코스를 공부할 수 있다.

 □ 코스 자료는 전문가들에 의해 개발된다.

 □ 개인교수는 개발자와 다른 전문가에 의하여 제공된다.

 □ 기획의 범주는 국가적이다.

 □ 많은 학생을 입학시키고 규모의 경제를 갖는다.

(4) 원격방법과 교육의 다양한 매체의 활용

영국의 교육방법은 우선 교수자는 인쇄 학습 자료로의 교수, 교수프로그램의 운영, CD롬을 통한 교육 등을 행하고, 튜터는 학습자 지원 및 상담, 면대면 교육, 과제물 점검 및 성적을 처리한다. 또한 이러한 방법 이외에 튜터는 출석수업, 전화강의 등을 실시한다.

영국 원격대학의 교육방법은 원격교육으로 행해지고 있는데, 이는 다양한 매체를 통하여 학습 효과를 높이기 위해 다음과 같은 자료를 제공하고 있다. 즉, 프린트물, 책, 오디오카세트, 비디오카세트, TV프로그

---

77) 대학교육을 대중적으로 보급하겠다는 OU의 설립목적은 대학입학 자격에 대한 요건 규정에서부터 전통적인 대학들과 차이를 보이는 것으로 나타나는데, 일반적으로 영국의 대학들이 A-레벨 시험점수를 기초로 신입생으로 받아들이고 있지만, OU의 개방입학제는 시험점수를 요구하지 않고 다만 일정한 연령 이상이면 된다고 규정하고 있음. 실제로 중등학교를 졸업한 지 오래되었고, 직장에서 계속 활동해온 성인학습자들에게 A-레벨 시험점수를 요구하는 것 자체가 적절하지 않은 것이었으며, 오래전의 A-레벨 시험점수나 고교 시절의 성적을 제출하라고 하는 것 역시 적절하지 않은 것으로 여겼기 때문에 OU는 개방입학제를 선택한 것임; 김지수 외 2인, 앞의 보고서, p.12~13 참조.

램, 웹사이트, cd-rom / software 등과 같은 것이다.[78] 이는 영국의 원격대학이 설립 시에 기존 대학과의 페이스 투 페이스 교육방식을 고수하지 않고 고등교육을 원격대학 차원에서 실시하고자 하였다. 그 이유는 기술한 바와 같이 임시직과 정규적 직업을 가진 학생들에게 충분한 교육의 기회를 주기 위해서였다. 그리고 이러한 영국의 원격교육은 열린 교육으로서 단순한 매체를 통한 교육이라기보다는 새로운 교육기법 내지 방법을 개발해 왔고, 이러한 교육방법은 교육공학연구소에서 필터링을 통해 적절한 교육방법을 개발해 왔다.

그리고 OU 평생교육제도가 제도적인 측면에서 고등교육의 대중화를 이룬 기반이었다면, OU의 원격교육은 방법적인 면에서 고등교육의 대중화를 이룰 수 있었던 기반이었다. 또한 OU의 원격교육은 CAL(컴퓨터 보조학습)개발과 활용을 하고 있는데, 1980년도 초 CAL 시스템이 도입된 것은 다음과 같은 일반적 이유에서였다.

첫째, 컴퓨터의 시뮬레이션 능력은 학습자들이 안전한 상황에서 위험한 핵반응 등을 애니메이션 등을 통하여 학습하도록 도와준다.

둘째, 컴퓨터는 학습자들이 필요한 정보를 쉽사리 검색할 수 있도록 돕는 커뮤니케이션과 데이터베이스 능력이 있다.

셋째, 컴퓨터는 신체장애자인 학습자들이 쉽게 조작할 수 있는 학습도구의 역할을 할 수 있다.

넷째, 컴퓨터 코스웨어는 제프로그래밍을 통하여 점진적, 체계적으로 수정, 보안하기가 용이하다.

다섯째, 컴퓨터는 특히 원격교육체제에서 학습자의 특성에 맞는 상호작용의 학습 환경을 제공하여 준다.

여섯째, 컴퓨터는 원격교육에서 특히 필요한 즉각적이고 계속적인 피드백을 제공하여 준다.

---

78) http://www.open.ac.uk/about/ou/p5.shtml. 참조.

시간과 공간의 제약을 받을 수밖에 없었던 면대면 교육과는 달리 교수 및 학습활동이 시공간의 제약을 넘어서서 이루어지는 원격교육은 정보통신공학의 발달에 기반을 두고 성장해 왔다.

놀라운 변화는 1990년대 중반 이후에 이루어졌는데, 인터넷에 기반을 둔 교수 학습 활동이 가능해지면서 이를 교수 학습 활동에 도입하여 적극 활용한 OU는 세계적인 e-러닝의 선두주자로 나서게 되었던 것이다. 새로운 교수 학습 방법으로 휴대전화나 PDA 등을 활용하는 mobile education, ubiquitous education에 대한 연구를 진행하고 있다.79)

그러나 인쇄 자료는 아직도 많은 개방대학들과 마찬가지로 개방대학 학생들의 학습 자료의 기반을 이루고 있다. 학생들도 오디오테이프, 비디오테이프 등의 시청각 매체보다 인쇄 자료를 더 선호하는 것으로 나타났고, 대학교과과정을 전달하는 데 있어 인쇄된 문서 자료가 더 효과적인 것으로 나타났다.

(5) 영국 원격대학의 특징

영국 개방대학의 특징은 첫째, 평생교육을 목적으로 하는 다른 원격대학 교육기관들과 달리 대학졸업자격을 가진 교사 및 과학자, 공학자의 양성을 그 목적으로 시작되었다. 둘째, 다른 나라에 비해 오랜 역사를 가진 가지고 있으며 그간의 경험을 통해 학생들이 중도하차하는 경우가 많다는 점을 발견하고 이를 보완하기 위한 대안을 마련했다.

즉, 이 대학은 학생들이 중도하차를 하는 요인을 분석하였는데, 주된 요인은 수업료 납부의 어려움 때문에 등록을 포기하는 경우라는 점이지만, 등록 후에 중도 탈락을 하는 경우를 보면 일반대학으로의 진학이나 다른 고등 교육기관에 입학해 정규학생으로 공부하게 되는 경우가

---

79) 김지수 외 2인, 앞의 보고서, p.19~20. 참조.

가장 큰 비중을 차지하고 있다는 점을 확인하였으며, 그 근본적인 원인은 주로 학생과 교수, 동료끼리 맞대면 접촉의 기회 부족 때문이라는 점을 파악하여 이 점을 보완하는 데에 주력하였다.

구체적으로는 탈락 가능성이 가장 높은 1학년이 이수하는 기초 과정에 대해서는 반드시 출석수업을 실시하여 평가요원을 두어 이들로 하여금 교재와 교육의 질에 관해 대외적인 평가를 하며 우수한 교재를 제작하고, 맞대면 방식의 접촉 기회를 최대한 넓히기 위해 지역학습관과 학습센터의 기능을 강화해 비상근 지도교수와 상담요원이 학생들의 학습 지도 및 상담활동을 담당하게 한 것이다.

3) 홍콩의 원격대학(OUHK)

(1) 개　요

홍콩 원격대학(이하 'OUHK'이는 용어와 홍콩의 원격대학이라는 용어는 혼용하고자 한다)은 1989년 홍콩개방학습기관(Open Learning Institute of Hong Kong; OLI)으로 출발하여 1997년 현재의 명칭으로 변경하였다. 2003년 현재 준학위(sub-degree)과정, 학위과정(degree), 그리고 학위 후 과정(Post graduate degree)을 통해 116개의 프로그램을 제공하는 홍콩의 대표적인 원격대학으로 성장하였다. 하나의 프로그램은 학점에 따라 장기 혹은 단기 코스들로 구성되며, 매 학기마다 약 40,000명 이상의 학생들이 학업을 수행하고 있다. 2003년 현재 전임교원의 수는 전체 교직원의 10%에 미치지 못하며 튜터가 교수 인력의 87.4%로 다수를 차지한다.[80]

---

80) 신기현·김혜수·신나민, 『주요 원격대학 교육체제 비교 연구』, 한국방송통신대학교 연구보고서(2005. 2), p.35. 참조.

홍콩 은행은 OUHK 비자카드를 가진 학생들이 무이자로 학비를 대출 받을 수 있도록 6개월 혹은 10개월 무이자 학생 대출 프로그램을 제공하고 있다. 그리고 신입생이건 기존 학생이건 상관없이 이 프로그램을 이용할 수 있다. 이와 같은 조치는 홍콩에 있어 OUHK가 차지하는 사회적 인식도를 간접적으로나마 말해 준다고 할 것이다.

(2) 교육과정

OUHK의 교과과정은 학과에서 설치하지 않고, 학부에서 운영한다. OUHK의 학부는 인문사회과학학부, 산업경영학부, 교육언어학부, 자연과학학부 등 4개의 학부와 원격성인학습연구소, 전문가계속교육연구소(LiPACE)와 같은 2개의 연구소 등 총 6개 부서로 구성되어 있다.[81]

OUHK는 다양한 교과과정을 개설하고 있는데, 준학위 프로그램으로는 수료증, 증서, 준학사 등이 있다. 그리고 학위프로그램으로는 학사학위, 대학원 학위 등이 있고, 대학원 학위는 석사학위와 박사학위가 있다. 예를 들어 경영학 분야는 경영학 학사, 석사, 박사과정이 설치되어 있다.[82]

홍콩의 원격대학은 여러 단계의 교육 프로그램을 단계적으로 운영하고 있으며, 기초과목을 이수하면 상위과목을 이수할 수 있도록 되어 있다.

예를 들면 경영과 행정학부의 교과과정 제공을 보면 알 수 있는데, 이하 내용은 바로 그것이다.

우선 학사학위과정에서는 다음과 같은 내용들이 있다[83].

---

81) http://www.ouhk.edu.hk. 참조.
82) http://www.ouhk.edu.hk. 참조.
83) http://www.ouhk.edu.hk/WCM/?FUELAP_TEMPLATENAME=tcSingPage&ITEMID=CCPAUCONTENT_56968888&lang=eng. 참조.

Bachelor of Business Administration
Bachelor of Business Administration(Chinese)
Bachelor of Business Administration with Honours in Accounting
Bachelor of Business Administration in Accounting
Bachelor of Business Administration with Honours in Business Information Systems
Bachelor of Business Administration in Business Information Systems
Bachelor of Business Administration with Honours in Banking and Finance
Bachelor of Business Administration in Banking and Finance
Bachelor of Business Administration with Honours in Corporate Administration
Bachelor of Business Administration in Corporate Administration
Bachelor of Business Administration with Honours in Management
Bachelor of Business Administration in Management
Bachelor of Business Administration in Human Resource Management
Bachelor of Business Administration in International Business
Bachelor of Business Administration in Logistics and Supply Chain Management
Bachelor of Business Administration in Marketing
Bachelor of Business Administration with Honours in China Business(Chinese)
Bachelor of Business Administration in China Business(in Chinese)
Bachelor of Electronic Commerce with Honours
Bachelor of Electronic Commerce

기술한 학사학위를 기초로 심화학습을 할 수 있는 대학원 석사학위는 다음과 같다.

Master of Business Administratio

Master of Business Administration (in Chinese)

Master of Electronic Commerce

그리고 이러한 대학원 석사학위과정을 이수하면 Doctor of Business Adminis-tration과정에 입학하여 박사학위를 취득할 수 있다.

(3) 수업료

2004년도와 2005년도를 기준으로 보게 되면 수업료에는 홍콩 달러로 약$17,583이다. 현재 홍콩 1달러에 121원이니까, 원화로 약 210만 원 정도이다. 이는 현재 우리나라의 원격대학[84]의 수업료에 2배에 가까운 숫자이다.

(4) 교육형태

교육 형태는 2005년을 기준으로 순순히 원격교육으로 이루어지는 과정과 풀타임 face-to-face 교육의 형태로 구분되는데, 원격교육과정으로 학사학위과정은 73과정이 있고, 석박사과정은 38개 과정이 있다. 이에 반하여 풀타임 face-to-face 교육의 형태에서 학사과정은 19개가 개설되어 있고, 석박사과정은 개설하지 않고 있다. 그리고 다른 나라에서의 원격대학의 특성은 자연과학에 관한 계열은 자연과학부 하나만 두고 있는데, 홍콩의 원격대학은 다른 원격대학과 개설되어 있는 모든 학과목을 포함하고 있다는 것을 알 수 있다. 이러한 프로그램 중에 정보기술, 인터넷을 이용한 정보기술, 인터넷 공학, 모바일 통신기술, 통신기술, 컴퓨터, 전자학 등이 바로 그것들이다.[85]

그리고 홍콩의 원격대학은 학습자의 수요에 맞게 여러 가지의 프로그램을 개발하여 지원하고 있다. 예를 들어 웹서비스, 학습 기술에 대한 자료 제공, 신입생들을 위해서 '정보문화와 인터넷'이란 코스를 무료로 제공하고, 효과적인 학습을 위하여 세미나를 연차적으로 제공하는데, 이는 정기적으로 이루어진다. 학습자들은 본 세미나를 통하여 학업

---

84) 우리나라 원격대학의 1학기 학비는 평균적으로 125만 원임.
　　http://www.ouhk.edu.hk. 참조.
85) http://www.ouhk.edu.hk. 참조.

에 유용한 조언이나 지원을 받는다. 이러한 시스템은 우리나라에서도 도입할 만한 제도라고 생각한다.

(5) 홍콩 원격대학의 특징

OUHK 교수요원의 구조를 살펴보면, 학장 아래 각 프로그램마다 담당교수('프로그램 리더'라고 불림)들로 조직되어 있다. 프로그램 리더의 경우 한 명의 부교수가 여러 프로그램의 리더 역할을 맡기도 하고, 업무가 과중할 경우 공통 프로그램 리더제를 도입하기도 한다. 각 코스에는 학생 수와 프로그램의 성격에 따라 튜터가 배정되어 있다. 대략 한 튜터는 20~30명 정도의 학생을 담당한다. 이러한 튜터 제도는 우리나라에서 운영되고 있는 튜터 제도와 차이가 있다.

튜터 모집 및 선발은 각 단과대학별로 이루어지고, 우리나라의 교무처와 동일한 부서에서 임면과 이에 대한 감사를 실시한다. 우리나라에서의 튜터는 교수의 보조자 역할을 하는 데 비하여 홍콩의 튜터는 한 과목을 책임지고, 교수와 함께 교과과정을 운영하는 코디네이터(Course Coordinator; CC)이다. 그리고 튜터의 숫자도 학생 수 35명의 기준으로 산정하는데, 튜터의 모집은 주요 일간지 신문 광고를 통하여 임면한다. 또한 우리나라에서 하는 튜터 모집과는 달리 철저한 사전 검증을 거치는데, OUHK의 경우 일단 튜터들이 지원을 시작하면 대학은 자질이 적합한 후보들을 우선 선별하여 OUHK와 OUHK 튜터의 책임에 대한 정보를 우편으로 보내준다. 이것은 오직 튜터 자격 조건에 적합한 후보들만 면접하기 위한 절차적 요식행위이다. 면접 과정에 포기하는 튜터가 있기 때문에 필요한 튜터의 수보다 20%가량 정도 많은 수의 튜터 후보자를 인터뷰해야 한다.[86]

---

86) 인터뷰 후보자 선택이 이루어지면 후보자에 대해서 인터뷰를 실시하고, 튜터 리스트를 작성하여 튜터를 배정함; 신기현·김혜수·신나민, 앞의 보고서, p.37~38 참조.

학기 시작되기 6주 전에 각 단과대학의 주 사무원은 학생들에게 튜터를 배정하고, 등록한 학생들은 모두 최대 40명까지 그룹으로 나뉘어져 배정된다. 또한 사후적으로는 튜터들은 튜터의 기본자세와 할 업무에 대하여 교육을 받고, 신입생들을 원격교육에 입문시키고, 학생들을 해당 코스에 입문시키며, 면대면 튜토리얼, 전화 튜터링, 과제에 대한 코멘트를 통해 학생들의 코스에 대한 이해를 깊이 하도록 돕고, 학생들의 수행을 평가하는 역할을 수행할 수 있어야 한다.[87]

또한 홍콩 개방대학교는 홍콩인들을 위해 홍콩인이 설립하여 원격학습방식으로 평생교육을 제공하고 있는 홍콩 내 최초의 개방대학[88]으로서 OUHK는 중앙집권적 종합 질 관리 체제를 운영하고 있다. OUHK의 질 구조(Qualification Framework)는 고등교육 질을 위한 고등교육 및 학점 지원의 국가적 구조와 일관성을 유지하고 있다. 예를 들어 OUHK는 '개방대학의 질 기준에 대한 지침(Guide to Quality and Standard in the Open University)'을 개발하여 교육의 질을 확보하기 위한 구조적 및 과정적 정비를 위한 규준을 제공하고 있다. 다만, OU의 조직구조, 직원의 업무 수행, 교육 과정 기획과 같은 질 관리 부분에 있어서 실제로는 융통성 있는 적용이 허용되고 있다.

OUHK가 사용하고 있는 질 관리 방법은 우선 교육·훈련 및 전문성 개발을 들 수 있다. 다음으로 코스 개발 시, 질 인증을 들 수 있다.

---

87) 이 과정에서는 온라인 튜터링, 전문가 경력개발 세미나, 튜터모니터링으로 이뤄지는데, 특히 튜터모니터링은 TMA에 대한 모니터링과 튜토리얼에 대한 모니터링을 중심으로 구성하게 됨. TMA모니터링은 튜터로부터 정확하고 시기적절한 피드백을 받는 것은 원격학습자에게 아주 중요한 일이므로 기관의 입장에서는 튜터의 채점 수행을 모니터링함으로써 이 과정이 원활하게 이루어지고 있는지를 확인하는 일 역시 아주 중요함.

88) OUHK는 대학 내에 질 관리를 위한 모든 활동을 수행하는 질 관리 코디네이터를 두고 있고, OUHK는 질 관리 위원회에 의해 수립된 대학 정책 및 가이드라인에 따른 대학 내 전반적인 질 관리 활동의 수행을 조정 또는 관찰하는 중앙집권적 종합 운영체제가 수립되어 있음; 신기현·김혜수·신나민, 앞의 보고서, p.57~70 참조.

OUHK는 '코스 운영 지침'을 제공하며, 코스 승인 및 개발을 위해 코스 및 접근법을 사용하고 코스 팀은 각 코스의 질을 보증하기 위한 학문적 책임을 진다. 마지막으로 외부 초빙 전문가를 통해 교육의 질을 확보하고 있다. 코스 개발과 교재 발간 기간 중 외부 검열자 및 외부 전문가들이 투입된다. 이는 대부분의 원격교육대학의 질을 확보하기 위해 상용하고 있는 보편적인 방법이다.

OUHK는 위와 같은 다양한 질 관리 방법을 사용하여, '새로운 프로그램 개발', '지속적인 프로그램 검토', '새로운 강좌 개발', '강좌 전달과 관련한 지속적인 검토', '학습자 평가'와 같은 영역에서 교육의 질을 확보하고 있다. 이러한 홍콩의 원격대학은 내부와 외부에 의한 질 관리가 철저히 진행되고 있으며, 우리나라에서는 일반적으로 내부에 대한 질 관리는 대체적으로 홍콩과 유사한 측면이 있으나, 한국에 있어서 외부에 대한 평가는 교육부의 감사에 의해서 이루어지는 경향이 있는데, 이 점은 시정이 되어야 한다고 생각된다.

4. 해외 원격대학 사례의 시사점

1) 미 국

기술한 바에 따르면 미국의 원격대학은 현재 우리나라에서 운영되고 있는 원격대학과 상당부분 유사한 듯하면서 많은 차이점을 가지고 있다고 생각한다. 이러한 부분에 관하여 기술한 내용을 기초로 살펴보면 다음과 같이 정리할 수 있다.

　　우선 교육대상의 범위에 있어서 차이를 보여준다. 앞서 살펴본 미국의 원격대학들은 공통적으로 정규의 교육과정을 이수한 성인들을 대상으로 하여 재교육 내지 평생교육의 일환으로 원격대학을 운영하거나 원격교육과정을 운영하고 있다는 점이다. 예컨대 피닉스대학의 경우 입학요건은 고교졸업 이상의 학력과 21세 이상의 나이, 3년 이상의 직장경력, 그리고 뛰어난 영어실력을 요구하고 있으며 입학시험도 치러야 한다는 점에서도 잘 나타난다. 이러한 미국의 원격대학과 비교할 때 우리나라의 원격대학에서 외형적으로는 성인의 직장인에 대한 평생교육을 담당하도록 한다는 평생교육법의 목적에도 불구하고 일반대학교에 진학할 수 있는 적령기의 학생들도 모집의 대상에서 제외하고 있지 않다는 점에서 우선 그 교육대상의 범위에 있어서 큰 차이를 보여주고 있다. 그리고 교수진은 별도로 고용하는 경우도 있고, 전임교원은 없고 외부의 교수진으로만 외부에 수주하는 경우, 그리고 오프라인 대학의 교수를 겸직하게 하는 경우로 분류할 수 있는데, 이는 우리나라의 경우도 유사하다고 할 수 있다. 일반적으로 우리나라의 경우 서울디지털대학교가 교수진을 별도로 채용하는 경우이고, 오프라인 대학 토대 위에서 설립된 경희사이버대학교, 한양사이버대학교가 오프라인 교수와 학과장 내지 학부장만 교수진으로 채용하는 학교라 할 수 있다.

　　둘째로 교육과정상에서도 일정한 차이점을 찾아볼 수 있다. 미국의 원격대학은 현재 재직하는 직장인이나 전직을 준비하는 직장인들을 대상으로 하기 때문에 전통적인 순수학문분야의 교육과정을 운영하기보다는 현장에서 필요로 하는 발전된 지식과 기술을 습득할 수 있도록 전문화된 과정으로 세분하고 있다. 뿐만 아니라 교육과정의 커리큘럼도 학생들의 경력관리에 초점을 두고 기업체와 산업계의 협조로 커리큘럼을 계속 변경하며 학습과제 중 50%이상이 학생들의 직장 업무와 연관되도록 하고 있다. 이와 비교할 때 우리나라의 원격대학을 살펴보면 전통적인 일반대학교에서 시행하고 있는 학위과정이나 교육과정과의 일정

부분 중복되고 있다는 점에서 차이점을 보이고 있다[89]. 물론 이러한 부분이 원격대학의 효용성을 논함에 있어 절대적이지 않음은 물론이다. 그 이유는 현재 우리나라의 직장인 중 상당부분이 자신이 전공한 학문분야와는 동떨어진 업무영역에서 재직하고 있다는 점이 주지의 사실인 점에 비추어 그러한 직장인에게 필요로 하는 기본적인 이론적 기반을 제공하고 있다는 점에서 일정한 존재의 이유를 찾아볼 수 있을 것이다.

셋째로 교육방법에서의 유사점과 차이점이 그것이다. 먼저 교육방법을 보면 예컨대 아타바스카대학의 경우 Individualized-study(Home-study: 87%), Grouped-study(출석수업: 11%), E-class(2%)를 기본적 교육방법으로 하여 이 중 학생들이 임의로 선택할 수 있도록 허용하는 경우도 있지만 일반적으로 인터넷 등 최신의 정보매체를 매개로 하여 학생이 직장생활을 하면서 원하는 시간에 자유롭게 온라인캠퍼스에 등교하여 공부할 수 있도록 한다는 점에서는 유사하다고 할 수 있다. 그러나 교수 1인당 담당하는 학생의 수에서 큰 차이를 보여주고 있어 실제의 교육방법에서 상당한 차이를 나타낸다. 먼저 교수 1인당 학생 수를 보면, 미국의 일반대학교의 경우 교수 1인당 평균 학생 수가 12명이 넘는 수준임에 반해 원격대학인 피닉스대학이나 존슨인터내셔널대학은 교수 1인당 6~9명의 학생이 한 조를 이뤄 인터넷교실에서 서로 토론하고 의견을 나눈다는 점에서 미국 내에서 일반대학과 원격대학 간에 교수 1인당 담당하는 학생의 수에 차이를 보여주고 있다. 이러한 점과 비교할 때 우리나라의 원격대학은 교육인적자원부의 원격대학관리지침상 학생 200명당 교수 1인으로 정하고 있는 점에서 다양한 교육방법을 채택할 수 있는 환경적 조건이 다르다는 것을 알 수 있다. 물론 미국의 원격대학 경우도 전임교수 이외에 튜터(Tutor)를 적극 활용하고 있기 때문에 교수 전부가 전임교수는

---

89) 우리나라 원격대학 중 오프라인 대학교와 학사운영이 동일하게 이루어지는 곳도 존재함.

아니다. 예를 들면 피닉스대학의 경우 교수·강사는 평균 16년 이상의 직장경험과 석·박사 학위를 소유한 겸임교수들이 튜터업무와 출석 수업을 담당하도록 하고 있다. 그리고 존스인터내셔널대학의 교수는 과목컨텐츠담당교수(Contents Experts), 강의담당교수(Teach-ing Faculty), 과목지도교수(Course Facilitator)로 나누어진다. 여기서 컨텐츠담당교수는 유명대학의 전임교수로 오프라인 대학에서 가르친 내용을 그대로 온라인으로 제공하기만 하고 강의담당교수도 유명대학의 전임교수로 온라인으로 제공된 내용을 강의 및 학급토론을 지도하고 8개 기본단위별 과제를 제시한다. 과목 지도교수는 배정된 학생들을 온라인상에서 상담지도하고 개인별 과제물을 평가하는 업무를 각각 담당한다. 우리나라의 원격대학들은 전임교수 이외에 강의전담교수나 외부 교수들을 적극 활용하고 있는 실정이다. 그러나 교과목별 수강인원에 대한 지침이나 기준이 명확하게 제시되어 있지 않기 때문에 교수 1인당 담당학생의 크기가 줄어들 수는 있지만 미국의 수준보다는 훨씬 상회하는 학생 수를 가질 수밖에 없다.

그리고 이러한 교수 1인당 학생 수의 차이는 개별 교과목의 운영과정상에서의 차이를 가져온다. 미국의 원격대학들은 공통적으로 매주 on-line 토론장에 참여하고 과제를 읽고 개별 또는 조별과제에 대한 과제물을 on-line상으로 작성해야 한 단위의 on-line 교육과정을 마치고 다음 단위로 나아갈 수 있도록 허용한다. 이 과정의 진행을 위해서 on-line상에서의 질의 및 토론을 최대한 활용하고 있다. 즉 주당 1~2회 편리한 시간에 개인 의견을 인터넷에 게재하도록 요구하며, 강의담당교수가 학급의 토론을 지도하고 기본단위별 과제를 제시한다. 이때 교육보조자(Tutor)를 활용하여 토론 교육을 지도해가면, 교육보조자는 별도로 매주 온라인상에서 1~5회 출석 확인을 한다. 우리나라의 원격대학도 각 대학의 특성에 맞는 기본강의를 바탕으로 한 교과목 운영의 정책을 시행하고 있다. 그러나 이러한 정책은 담당교수의 재량에 맡겨져 있는 것이 일반적인 모습이므로 각 교수별로 교과목은 운영과정상에 차이를 보이고 있는 것이 현실이다.

또한 개별 교과목의 교육목적 달성 여부를 측정하는 평가의 부분을 보면 미국의 피닉스대학에서 실시하는 평가제도는 과제물 평가와 시험을 각각 50%로 분배하여 실시하고 있다. 그리고 학점인정시험은 문제은행식으로 출제하며 개인별로 상이하고 시험일자와 장소를 학생과 협의하여 실시한다. 세계 어디서나 시험이 가능하고 재시험제도도 운영하고 있다. 이러한 평가의 부분은 우리나라의 원격대학도 항상 관심의 대상으로 삼고 있는 부분이며, 기본적으로 출석과 과제물 평가, 시험 평가의 세 영역을 기본으로 하면서 토론실 운영에 따른 평가, 평소평가, 작품의 제출을 통한 평가 등이 혼합적으로 활용하고 있다는 점에서 큰 차이는 없다고 생각한다.

이상에서 살펴본 바를 바탕으로 미국의 원격대학이 우리나라에 주는 시사점을 도출해 보면 다음과 같다.

먼저 미국의 원격대학은 한마디로 우리의 교육기본법 내지 평생교육법에서 규정하고 있는 '평생교육'의 이념을 보다 충실하게 이행하고 있다는 점이다. 여기서 말하는 평생교육의 의미는 미국에서는 직업을 얻기 위한 또는 2년제 대학을 이수한 직장인에게 보다 나은 교육을 받음으로써 좀 더 나은 생활을 하기 위한 기초를 다지는 데 필요한 교육을 말한다. 이러한 목적을 위해 미국은 일반대학교에서 실시하는 원격교육이나 피닉스대학 또는 서부주지사대학과 같은 순수한 원격대학을 매개로 하여 개인적인 욕구, 즉 직장인이 자신의 커리어를 관리할 수 있는 수단으로 이용하고 있다. 우리의 경우를 보면 교육관련 법제에서 평생교육의 이념을 선언하고 있지만 현실은 그에 부응하지 못하고 있다는 점에서 우리의 원격대학을 설립한 목적인 평생교육의 이념을 달성하기 위한 교육기관이 되어야 할 것이다.

그리고 이러한 이념의 달성은 미국과 같은 교수당 학생 수와 같은 적절한 교육환경이 확보되어야 할 것이다. 이러한 환경은 단기간에 형성될 수 있는 것은 아니지만 장기적인 측면에서 비슷하거나 유사한 조건을 갖추어 가야 할 것이다.

미국에서 원격대학의 시장에 대한 시각은 첫째로 기존의 미국 유명대학이나 신설 대학을 불문하고 대학캠퍼스에서 온라인과 오프라인 교육을 병행시키고 있기 때문에 시장성이 그만큼 크고, 둘째로 비록 실제 캠퍼스는 있지만 온라인만을 강조하는, 그러면서도 글로벌 단위로 발족되는 온라인 교육은 다이내믹한 미래의 교육산업이라는 점에서 긍정적으로 보기도 한다. 이러한 측면 중 온라인상에서의 교육이 오프라인 교육의 단점을 보완할 수 있는 수단이라는 점은 우리나라에서도 긍정적 입장에서 있다. 이를 반영한 것이 숙명여자대학교를 비롯한 많은 대학들에서 매년 일정 부분의 교과목을 온라인상에서 제공할 수 있도록 연구과제로 부여하여 자체적인 역량을 강화하고 있는 점이 그 반증이 될 수 있다.

그럼에도 불구하고 미국 내에서도 원격대학에 대한 평가는 양분되어 있다. 긍정적으로 평가하는 입장인 슬로안협회(The Sloan Consortium)의 연구에 의하면, 160만 명의 학생들이 2002년 가을학기에 적어도 하나 이상의 온라인 대학교육을 받고 있다고 한다. 그중에 3분의 1인 5십 7만 8천 명 정도가 온전히 온라인 수업만을 받는다. 고등교육을 담당하는 미국 전체 대학의 81% 이상이 한개 이상의 온라인 수업을 하고 있다고 한다. 그리고 57%의 학계의 저명인사들이 온라인 교육은 교실에서 얼굴을 맞대면서 수업을 하는 그 이상으로 좋은 결과를 도출한다고 평가했다고 한다. 그 이유는 온라인, 동영상, 음향, 이메일, 파워 포인트 등의 방법으로 여러 번 반복해서 보고 들을 수 있기 때문에 교실에서 1회적인 언어와 토론으로 끝나는 수업보다 반복과 기억의 효과가 뛰어나기 때문이다. 뿐만 아니라 이메일과 온라인상에서 토론을 하는 과정에서도 상호 대화가 충분히 이루어지기 때문이다.90)

---

90) Sizing the Opportunity: The Quality and Extent of Online Education in the Unitd States, 2002 and 2003. 참조.

이러한 평가와는 달리 부정적 시각으로 보는 입장은 원격교육을 선도하고 있는 고등교육기관 중 하나인 일리노이주립대학(Illinois State University: ISU)의 교수를 대상으로 한 설문조사 결과를 기초로 하고 있다. 즉 교수의 입장에서 볼 때 원격교육은 시간을 많이 소모하는 교육방법이라는 점을 들고 있다.

이상과 같은 미국 내에서의 원격대학에 대한 찬반양론에도 불구하고 여전히 원격대학에 대한 관심은 식지 않고 있고 오히려 다각적인 형태로 새로운 시도들이 이루어지고 있는 것 같다. 즉 2004년 2월 10일 애리조나 주의 「주·지역 단위연합신문」(The Associated Press State & Local Wire)에 "대학들은 온라인 교육 요구를 서두르고 있다."라는 제목의 기사가 그러한 현상을 잘 대변해 주고 있다. 이 기사에 의하면 애리조나 주는 리오 살라도 지역 전문대학(Rio Salado Community College), 애리조나 주정부 대학(Arizona State University), 그리고 가상대학인 피닉스대학(University of Phoenix)이 연합하여 온라인 학위를 공동으로 수여하는 작업을 시도하고 있다. 이 온라인 교육은 점차적으로 과거 3년 동안, 10%, 30%, 37%의 증가율을 보이면서 상당한 인기를 끌고 있을 뿐만 아니라, 벤처 상업 이상의 경제적 이득을 준다는 통계가 나왔다. 보스톤 지역의 교육연구회사(Boston-based educational research firm)는 2005년에는 미 전역에 걸쳐 약 40%의 학생이 온라인 교육에 등록을 할 것이 예상된다고 한다.

그러나 학생 수요자 측의 이런 급진적 인기도와는 별개로 취직을 할 때, 애리조나 주에 있는 회사의 고용주들은 온라인 학위를 받은 피닉스 졸업자를 고용하는 것을 기피한다고 보고한다. 이들은 애리조나 주정부 대학의 졸업생과 애리조나대학의 출신 학생을 고용한다고 했다. 그럼에도 불구하고 학생들의 설문조사에 의하면 온라인 교육을 받는 학생들은 교실에서 얼굴 마주보며 말로 토론하는 것보다 이메일로 서로 토론하기 때문에 깊이 생각하고 사고를 정리하여 글로써야 하기 때문에 훨씬 더 어렵고 시간이 많이 요구되는 수업을 받는다고 한다.

피닉스대학의 총장 로라 파머 누네(Laura Palmer Noone)는 온라인 학위를 받은 졸업자가 전통적인 학교에서 학위를 받는 자보다 차별받는 문화는 하루빨리 퇴치되어야 한다고 강조한다. "온라인 수업과 전통적 교실 수업 사이를 차별하는 것은 사람들이 자신의 무지를 더욱 주장하는 결과밖에 안 됩니다. 학생들이 배우고 있다는 점에 전체적 강조를 두어야 합니다. 학생들이 어떻게 배우고 있느냐가 중요한 것은 아니지요."라면서 그녀는 교육 방법의 차이를 인정해야 한다고 말하고 있다.

2) 일　본

우리나라 고등교육법은 제22조 제1항에서 방송·통신에 의한 수업을 실시할 수 있도록 규정하고 있음에도 불구하고, 일반 오프라인대학에서 방송·통신으로만 이루어지는 학과·학부 또는 대학원의 설립에 대해서 관계 법령은 침묵하고 있다. 다만, 중부대학교 원격대학원, 숙명여자대학교 원격대학원 등과 같이 몇몇 특수대학원이 고등교육법 제22조에 근거하여 단설 원격대학원을 운영하고 있는 예가 있을 뿐이다.

그러나 일본 학교교육법 제54조의 2 및 제69조의 2는 수업방법으로서 통신교육 이외에 별도로 통신에 의한 교육만을 수행하는 학부 및 학과를 대학 또는 전문대학에 둘 수 있도록 명시적으로 밝히고 있으며, 이와 관련하여 대학통신교육설치기준 및 단기대학통신교육설치기준이 별도로 제정되어 있다. 이에 더하여 학교교육법 제66조의 2는 대학원 과정의 경우도 통신에 의한 교육을 행하는 연구과를 설치할 수 있도록 규정하고 있으며, 이에 대한 자세한 규정은 대학원설치기준 제9장에 명시되어 있다.

이러한 일본의 규정 방식은 방송대학과 원격학부로 일컬어지는 통신에 의한 교육이 이루어지도록 허용하고 있기 때문에 우리나라의 원격대학과 같은 형식은 일본에서는 찾아보기 힘들다. 그리고 이러한 통신에 의한 교육기관의 성격도 일본 방송대학은 일반대학과는 다른 유형의 학과를 운영하고 있고, 일반대학교에 설치되는 원격학부는 전공별로 허용을 해주고 있다는 점에서 전공 간의 중복 가능성을 일정 부분 배제하고 있다는 점이 특징이다. 이는 우리나라의 한국방송통신대학교나 평생교육법에 근거하여 설립된 원격대학이 일반대학교에 개설되어 있는 학과나 전공과 상당한 중복성을 보여주고 있는 점과 비교해 볼 때 우리에게 시사하는 점이 크다고 생각한다.

참고적으로 우리나라와 일본에서 각급 학교에 대한 인가기준을 비교해 보면 아래의 <표 Ⅱ-32>와 같다. 이러한 점에서 우리가 알 수 있는 것은 우리나라에 없는 원격학부가 일본의 경우에 그 설치근거를 마련하고 있다는 점이고, 우리의 원격대학에 관련한 근거가 일본에는 마련되어 있지 않다는 점이다. 특히 원격학부와 관련해서는 최근 우리나라에서도 일반대학교에의 설치 가능성이 언론에 보도된 바 있으므로 이를 제시해 본다.

〈표 Ⅱ-32〉 한국과 일본의 고등교육 및 평생교육 기관의 인가기준 비교

구 분			한 국	일 본	비 고
대학	일 반	대학	대학설립 운영규정	대학설치 기준	우리나라의 대학설립운영규정은 시설설비 중심으로 되어 있고, 일본의 대학설치기준은 조직편제, 교원, 학사 및 시설 등을 종합적으로 규정하고 있음. 우리나라는 교원 등에 관해 알기 위해서는 관련 법령의 조항들을 일일이 조사해야 하기 때문에 불편
		통신 학부 학과	대학통신 교육설치 기준없음	대학통신 교육설치 기준	한국은 고등교육법상 대학에 통신학부가 없고 인가기준이 없음
			전문대학 통신교육 설치기준 없음	단기대학 통신교육 설치기준	한국은 전문대학 통신제학부가 없고 인가기준이 없음

구　분		한　국	일　본	비　고
대학	전문대학	별도로 없고 대학설립운영규정이 규정	단기대학설치기준	우리나라는 시설설비 중점규정, 일본은 조직, 학사, 교원, 시설을 종합적으로 규정
	방송통신대학	방송통신대학 설치령 및 시행규칙이 규정	방송대학학원법 및 시행령, 시행규칙	
학력인정평생교육시설	초·중등학력인정	평생교육법, 시행령, 시행규칙 및 설립요령	없음	일본의 사회교육법상 학력인정시설제도가 없음
	고등교육학력인정	평생교육법, 시행령, 시행규칙	없음	일본은 학력인정을 받는 사회교육법상 원격대학제도가 없음

3) 영국과 홍콩

　영국과 홍콩의 원격대학은 튜터와의 개별 집단적인 접촉을 통하여 학생의 학업향상정도, 흥미, 신상문제, 학습경향, 학습에 대한 욕구, 학생문제에 대한 지도와 상담을 통하여 실질적인 도움을 주고 있다. 학생 개개인의 필요와 요구에 맞는 개별 학습활동 지도와 상담, 논문지도 등 지속적인 교육서비스를 제공하는 튜터제도를 두어 학습의욕을 높여주며 교육의 내실 있는 발전을 보장하고 있다. 그리고 이러한 튜터들은 엄격한 관리와 선별을 통하여 선발하고, 이에 대한 엄격한 교육을 시킨 후에 학생관리에 참여를 한다.

그리고 영국과 홍콩의 원격대학은 질 관리 측면에서 내부와 외부의 관리 감독을 충실히 하고 있음을 알 수 있었다. 즉, 내부관리 측면에서는 교수와 학생들 간의 충실한 교육 여부에 대하여 지침과 운영 면에서 평가를 하며, 외부관리 측면에서는 외부 전문가를 통한 내부 진단을 통하여 자기 혁신을 하는 절차를 진행하는 점이 우리나라에 주는 시사점이라고 생각한다.

특히 영국의 원격교육을 살펴보면서 OU학생이 기술 분야에 종사하는 사람이 많고, 대부분이 학위의 취득보다는 실제 실력을 쌓는 일을 중시하고 있다. 영국 사회가 실력에 따라 대우를 달리하는 오랜 전통이 있으므로 부실하거나 타인의 것을 베껴서 과제를 내는 문제는 OU에서는 별로 심각하지 않다고 한다. 1인의 튜터가 20명 정도의 학생만을 관장하여 학생 각자의 사정과 능력을 자세히 파악하고 있어 예방 요인이 되기 때문이다. 적은 정원의 교육환경인 부럽다. 또 한국의 원격강의실에서의 모습과 사뭇 다른 영국의 학생의 4분의 3가량이 전일제(full-time) 근로자라는 점을 볼 때, 약 30%의 중도 탈락률이 있다고 하는데 이는 원격교육이기 때문에 나타나는 교수 및 학생 간의 접촉 기회 부족, 엄격한 자기 관리를 유지해야 하는 점 등이 가장 힘든 일이어서일 것이다.

그리고 유럽에서는 기존의 개방대학들이 점차 사이버를 중심으로 하는 원격대학으로 모습을 바꾸고 있다. 이들 대학들은 정규 학부·대학원과정 비학위과정 등 다양한 교과과정을 설치하고 오프라인에 기반을 둔 사이버 원격대학을 운영하고 있다. 특히 본 연구 보고서에서 논의 중인 영국 개방대학(Open University)도 수업방식을 방송에서 인터넷으로 바꾸면서 사이버 원격대학으로 변신을 꾀하는 중이다.

4) 한·미 FTA 교육서비스 협상과 원격대학

미국의 경우 피닉스대학과 같이 영리추구를 목적으로 하는 원격대학이 활성화되고 있고, 이러한 기관들이 한국을 좋은 교육시장으로 평가를 하고 있는 것 같다. 또한 한국에 진입하는 형태를 프로그램 형태로 진입할 것인지, 캠퍼스의 형태로 진출할 것인지, 아니면 온라인 형태로만 진출할 것인지에 따라 한미 FTA 대응방안이 다르게 모색될 필요가 있다. 우리나라의 경우 원격대학은 2006년 현재 17개교가 운영되고 있으며, 입학 정원은 21,650명인데, 원격대학설치인가는 평생교육법시행령 제29조 및 제30조에 의해 원격대학을 설립하기 위해서는 교원, 교사, 수익용 기본재산, 최근 2년간의 원격교육 프로그램 운영실적 등 일정 수준의 기준을 갖추어야 한다. 이에 반하여 미국은 국경 간 공급을 인정하여 인터넷, 방송매체 등을 통한 원격대학에 대한 명시적인 제한이 없다.

한미 FTA 교육서비스 개방이 국제수지에 미치는 긍정적 효과는 개방이 외국 교육에 대한 잠재적 수요를 자극하여, 외국 교육에 대한 총 수요를 크게 높이지 않는다는 가정하에서 가능하다. 여기에서 외국교육 수요는 해외 유학 수요와 국내에 진출한 외국 교육기관에 대한 수요, 해외 원격교육에 대한 수요 등을 합친 수요를 의미한다. 미국 대학교 분교의 진출이 미국 유학을 비롯한 미국 교육 전체에 대한 잠재적 수요를 현재화할 경우에는 미국 유학 추세는 그대로 지속되고 전체 미국 교육에 대한 수요만 증가시켜 국제수지가 도리어 악화될 수 있다. 또한 미국 대학교 분교의 과실송금 및 미국 원격대학에 대한 등록금 일부의 송금 등은 국제수지 개선효과를 상쇄한다. 교육서비스 시장 개방이 국제수지에 미치는 효과가 항상 긍정적인 것은 아니다. 국제수지 개선효과는 미국 유학에 대한 수요가 국내에 진출한 미국 대학의 교육서비스에 대한 수요로 대체될 경우에만 발생하기 때문이다. 따라서 만약 교육 서비스 시장이 개방되더라도 미국 유학에 대한 수요가 줄지 않고, 더구나, 잠재적인 국내 대학 진학자들 중 상당수가 국내에 진출한 미국 대학에 진학하거나 해외 원격대학을 선택할 경우, 국제수지는 미미한 정도로만 개선되거나 오히려 악화될 수 있다. 게다가 교육서비스 개방은 특히 단기적으로는 전체 외국 교육에 대한 수요를 급증시킬 가능성도 있다.[91]

---

91) 유현숙, 한·미 FTA 교육서비스 협상 전략 및 사회·경제적 파급효과 연구, 교육인적자원부 정책연구과제, 2006. 참조.

Ⅲ. 해외 원격대학 학위 및 활용도

1. 해외 원격대학의 국내 활동 유형

1) 해외 원격대학 사이트를 활용한 유형

해외 원격대학이 국내에서 자국 사이트를 활용하여 활동하는 형태는 크게 두 가지로 분류될 수 있다. 하나는 특별한 활동 없이 자국 내 사이트를 국내에도 개방하여 우리나라 국민들이 개별적으로 직접 활용하도록 하는 것이며, 다른 하나는 국내 대행업체와의 협력 관계를 맺어 이를 통하여 운영하는 방식이다.

(1) 원격대학 사이트 직접 활용

미국은 1,100여 개의 4년제 대학들이 온라인 대학과정을 운영하고 있는데, 미국 전역의 온라인 대학 정보검색 사이트도 있다.[92]

미국에 있어서 가장 성공한 사이버 원격대학은 샌프란시스코의 피닉스대 온라인 캠퍼스(www.phoenix.edu)이다. 지난 1989년에 만들어진 이 대학은 총 학생 수 4만 명 중 1700여 명이 한 번도 학교에 가보지

---

92) http://petersons.com. 참조.

않고 대학을 졸업한다. 피닉스는 미국과 다른 나라에서 4000여 명이 등록해 수강신청, 강의, 시험 등 모두 온라인으로 진행된다. 입학은 아무 때나 할 수 있지만 매번 5번 이상 컴퓨터에 접속해야 하고 평균 학점이 2.0(대학원 3.0)을 넘지 못하면 학사경고를 받는다. 수업료는 학부과정이 1학점 당 350달러, 대학원과정이 425달러로 사립대학과 비슷한 수준이다. 일반대학들과 달리 한 학기 등록금을 한 번에 내는 것이 아니라 한 강좌를 들을 때마다 개별적으로 수업료가 청구된다. 교육방법은 온라인 컨퍼런싱, 메일링 리스트, 실시간·비실시간 토론을 하고 도서목록 검색 서비스, UOP온라인 컬렉션, 문자전달 서비스 등 각종 서비스를 받을 수 있다.

그러나 미국에서 100% 사이버 원격대학으로 첫 공인된 곳은 존스대학[93])이다. 이 대학은 해외 학생의 경우 토플점수 550점 이상을 요구한다. 학비는 학사과정이 한 코스당 600달러, 기술지원비 25달러, 1회 등록비 35달러로 낮은 등록금과 혁신적인 수업모델로 인기가 높다. 현재 34개국 950여 명의 학생들이 이 사이버 원격대학을 다니고 있다.

이 밖에 아메리칸 대학(www.amercoll.edu), 아틀랜틱 커뮤니티대(www.at-lantic.edu), 조지워싱턴대(www.gwu.edu/~distance), 미네소타대(www.cee.umn.edu/dis/), 펜실베니아주립대(www.outreach.psu.edu/de/) 등이 있다. 미국에서는 컬럼비아대(Columbia University), 듀크대(Duke University) 등 주요 일반대학들이 자신들의 대학 학위과정 내에 전 세계적으로 가능한 Worldwide DL(Distance Learning) Program을 개설하여 그 대학의 학위와 졸업장을 수여하고 있다. 이것은 이들 대학의 경우 현지에 직접 유학가지 않고도 해당 교육을 받음은 물론 현지의 학생들이 취득하는 것과 똑같은 학위(Same Degree)와 똑같은 졸업장(Same Diploma)을 취득할 수 있음을 의미한다. 현재 미국에서 원격교육이 가능한 대학은 1,100여 개 대학에 이르

---

93) http://www.jonesinternational.edu. 참조.

며 준학사, 학사, 석사, 박사 학위를 수여하고 있다. 우리가 잘 알고 있는 Ivy League의 명문대학들도 원격교육 과정을 개설하여 정규 학위를 취득한 학생들을 배출하고 있다. 원격교육을 통해서 취득할 수 있는 학사 학위는 치·의학을 제외한 인문사회계열과 자연과학계열의 거의 모든 학과이다. 대학원과정 또한 마찬가지이며 학사과정에 비해 훨씬 세분화되어 있는데, 예를 들어 MBA과정은 재정, 회계, 인적자원, 기업경영 등 전문 전공분야로 나누어지며, 박사학위는 교육학, 경영학, 컴퓨터학 등 전공과목이 다소 한정적이다.

(2) 국내 대행업체를 통한 활용

대표적 업체로 ㈜디러닝이 있다. 사이트 주소는 http://www.yesdl.com 이다. ㈜디러닝을 통해 입학 및 수강 등이 가능한 대학들을 살펴보면 다음과 같다. 이름만 들어도 알 수 있는 유명 대학들이 다수 포함되어 있음을 알 수 있다.

〈표 Ⅲ-1〉 디러닝을 통해 입학 및 수강 등이 가능한 대학 현황

Antioch University
Athabasca University
Bellevue University
Capella University
Central Michigan University
City University
Clarkson College
Columbia University
Duke University
Eastern Oregon University
Embry-Riddle Aeronautical University
George Washington University
Golden Gate University
Harvard University

Indiana University, Bloomington
Kansas State University
Norwich university
Nova Southeastern University
Prescott College
Regent University
Regis University
Rensselaer Polytechnic Institute
Rochester Institute of Technology
Shenandoah University
State University of New York
Syracuse University
Thomas Edison State College
University of Idaho
University of Iowa
University of Maryland University College
University of Nebraska-Lincoln
University of Oklahoma
University of Texas
Upper Iowa University
Washington State University
Walden University
Worcester Polytechnic Institute

참고로 인가학교는 "미연방교육부", "DETC", "CHEA" 등등의 기관에서 인증 받은 학교인데, 미 6개 지역 인가기관을 살펴보면 다음과 같다.

1. Middle States Association of Colleges and Schools(MSACS)
2. New England Association of Schools and Colleges(NEASC)
3. Northwest Association of Schools and Colleges(NASC)
4. North Central Association of Colleges and Colleges(NCACS)
5. Southern Association of Colleges and Schools(SACS)
6. Western Association of Schools and Colleges(WASC)

2) 한국어 사이트별도 개설을 통한 활동

(1) 키스톤대학교(keystone University)

　키스톤대학교는 플로리다 주에 위치한 원거리대학으로서 미국 국제학력 인증원(USIAA: Unite State International Accreditation Agency)과 미국 플로리다 주 교육부 허가를 받은 종합사립대학교이다.

　미국 전역은 물론 세계적인 네트워크 시스템을 완비하여 거주지에 관계없이 어디서든 학습이 가능하며, 제공 프로그램은 유아과정부터 학사와 석사 박사 학위 교육프로그램 등 있다. 사이트 주소는 http://www.csukorea.com/이다.

(2) 퍼시픽예일대학(Pacific Yale University)

　PYU온라인대학(Distance Education)은 미국 주 정부와 싱가폴, 필리핀 등 아태 지역에서 본교와 분교가 정식으로 인가 난 종합대학으로서 전 세계를 향하여 인터넷을 통한 위성 멀티 캠퍼스를 운영하고 있다.

　PYU는 제1캠퍼스로 Glendale에 모체인 PIU를 통해 교수진과 각종 퍼시러티(Facility)를 공유하고 있으며 제2캠퍼스로 City of Commerce에 행정오피스로 제3캠퍼스에 교육의 중심지인 Tennessee에 100에이커가 넘는 땅에 오프라인의 교육과 복지를 위한 실험 실습의 장으로 전 세계 각국의 교육제도의 현실에 맞추어 시스템을 확장하고 있다. 모든 수업은 인터넷을 통하여 온라인으로 영어 및 자국어로 진행되는 것을 원칙하며 퍼시픽예일대학은 사이버 원격대학이 아닌 일반 종합대학으로서, 미국 본교로부터 퍼시픽예일대학교의 정식학위가 나오는 특징이 있다. 다만 학습방법에 있어서 주로 사이버(인터넷)로 학습이 이루어진다는 데 특색이 있다. 관련 사이트 주소는 http://www.pyuusa.com/이다.

(3) 일본 대학교육연구원

일본 대학교육연구원으로 알려져 있는 이곳은 사실 일본 아이치현 나고야 근교 오카자키 시에 있는 상당히 이름이 알려져 있는 학교그룹인 아이치산업대학(Aichi Sangyo Univeristy)의 한국사무국이다. 이곳은 한국에서 아이치산업대학과 아이치산업단기대학의 학생모집과 학습지원, 시험실시 및 학사관리 업무를 수행하며 운영하고 있다. 그밖에 게이오대학(keio university), 호세이대학(hosei university), 산노대학(sanno university), 소카대학(soka university), 오사카예술대학(osaka university of arts) 등의 일본의 대학교가 운영하고 있는 통신교육부(통신교육과정)를 한국에 소개하고 입학관련업무 및 학사지원 업무를 대행하고 있다. 관련 사이트 주소는 http://www.doumo.co.kr/이다.

3) 국내 기관을 통한 우회적 활동

(1) 대구사이버대학과의 제휴를 통한 미국 노바대학교의 활동

미국 노바대학도 국내 대구사이버대학과 제휴하며 국내에 진출하여 해외 연계 교육서비스를 제공하고 있는 중이다. 1972년 원격대학의 개척자라 할 수 있는 노바대학은 교수와 학생들 간의 상호작용을 높이기 위해 온라인 활동, 실시간 대화, 온라인 토론, 교수와 학생 간의 실시간 교수, 오프라인 강의 등을 실시함으로써 원격교육을 실현하는 대학이다. 또한 학생들의 편의를 도모하기 위해 직원들의 정상근무를 오후 7시로 정했으면 저녁과 주말에는 보조 인력을 동원하여 학생들에게 최대한 배려를 하고 있다.94)

교육인적자원부 정규 4년제 원격대학인 대구사이버대학교에서는

2003년 10월 16일 온라인 교육의 국제화 실현으로 미국의 플로리다에 소재한 Nova Southeastern University와 국제교류협약을 체결하여 공동으로 Fischler 교육대학원의 석·박사과정(TESOL, ITDE)을 개설하여 미국에 직접 가지 않고도 학위를 받을 수 있는 프로그램을 원격대학 최초로 운영하고 있다.

대구사이버대학교에서는 한국의 초등학교 영어교육 활성화를 위하여 원어민과 함께 영어수업을 진행할 사립초등학교 영어전담교사와 원어민이 없는 초등학교에서 원어민을 대신하여 100% 영어로만 수업 진행을 할 수 있는 방과 후 학교 영어교사를 아래와 같이 모집한다. 영어인터뷰를 통해 선발된 50명의 교사 지원자들은 2006년 12월 13일부터 2007년 2월 21일까지 TESOL과정 교육과 실습을 받은 후 그중에서 성적이 우수한 40명은 2007년 3월부터 초등학교에서 영어교사로 근무하며 Nova Southeastern University의 TESOL석사과정에 입학하게 된다.

(2) 기타 국내 대학과의 협정·교류를 통한 활동

한남대는 호주 찰스 스터트대(Charles Sturt Univeristy)와 '온라인 원격 교육시스템'을 통한 학점교류제를 실시하고 있는데, 대학의 국제화 촉진과 관련하여 대학생들이 외국 대학에서 취득한 학점을 졸업 학점의 2분의 1까지만 인정하던 것에서 무제한 인정으로 바뀌면서 외국 원격대학과 국내(원격) 대학 간의 협정·교류를 통한 활동은 더욱 확대될 것으로 예상된다.

그리고 서울대학교 Cross Continent MBA는 미국 듀크대학과 협정·교류를 하고 있는데, 자격은 학사학위, 직장 경력 3년, GMAT 630 이상, 토플 성적을 요구하고 있으며, 수업방식은 국내 온라인 학습+해

---

94) 우리나라의 대부분 사이버대학들은 오프라인 대학교와 동일한 조건으로 근무함.

외 오프라인 학습(미국 2주, 독일 2주)을 취하고 있다.[95]

고려대학교는 캐나다UBC(University of British Columbia)와 협력, 교류를 하고 있는데, 자격은 학사학위, 직장 경력 5년, 토플 550 이상을 요구하고, 수업 방식은 국내 오프라인 학습 1년+해외 오프라인 학습(UBC 6개월, 중국 JIAO TONG 6개월)을 취하고 있다.

(3) 강남교육청 원격교육원: 스탠퍼드대학교 석사·전문가 과정

강남교육청 원격교육원의 사이트 주소는 http://scpd.gangnam.go.kr이다. 본 원격교육원에서는 2004년부터 강남교육청과 SCPD(Standford Center for Professional Development / 미국 스탠퍼드 공과대학 온라인 석사과정) 간의 멤버쉽 협정을 맺은 상태이나, 최근에 본 원격교육원은 여러 가지 사정으로 폐쇄되었다. 폐쇄되기 전에 스탠포드대학은 스트리밍 비디오를 기본으로 다양한 매체를 활용하였다. 평생교육의 일환으로 설립된 스탠포드전문능력개발센터, SCPD에서는 스트리밍 비디오는 물론 마이크로 웹을 사용한 지역 TV 방송, 쌍방향 TV 회의 시스템, 학습 비디오 등을 제공하고 있는데, ADSL 환경이라면 이런 비디오들을 끊임없이 청취할 뿐더러 쌍방향 커뮤니케이션을 만끽할 수 있었다. 현재 미국의 e러닝 대학들은 77% 이상이 스트리밍 비디오 방식의 강의를 제공되는데, 이 중 19%가 실시간으로, 58%가 녹화 방식이다. 아직까지는 실시간 강의보다는 녹화 강의가 많은 편이지만, 실시간 강의 및 쌍방향 TV 회의 시스템을 채택한 강의가 점점 늘고 있는 추세다.

---

95) cba.snu.ac.kr, www.fuqua.duke.edu. 참조.

(4) 인터넷세계선교사대학교(IWMU)

인터넷세계선교사대학교 사이트 주소는 http://www.iwmu.com 이다. 1999년 창설된 인터넷세계선교사대학교(IWMU, Internet World Missionary Univer-sity)는 동년 9월 1일부터 본격적인 원격강의가 개강되었으며, 2005년 11월 Yeshua University와 학사협정을 맺음으로써, 동학교 졸업생은 YUTS(Yeshua University & Theological Seminary)대학에 BA(126학점), MA(96학점), Dr(64학점)을 인정받게 되었다.

(5) 부산IT전문학교

1989년 설립된 부산IT전문학교는 1998년 학점은행제 운영 시범교육기관으로 지정된 이후 현재 6개 전공에 72개 학습과목의 인가를 받아 운영 중인데, 특히 이 학교는 또 해외 사이버 원격대학 운영업체와 취업연계 및 해외맞춤교육을 실시하고 있다.

(6) 국내 이러닝 MBA 코스

그 밖에 e러닝 MBA 코스도 중요한 예가 된다. 현재 대학, 언론기관, 방송사 등이 해외 유수의 대학들과 협력관계를 맺음으로써 원격교육으로, 인터넷이라는 도구를 통하여 미국의 명문 대학의 MBA 과정을 밟고 해당 학위를 받을 수 있게 되어 있다. 특히 이들은 국내에서 기존의 직장과 학업을 병행할 수 있다는 점에서 향후 발전 가능성이 상당히 높은 사례로 지적되고 있다.

<표 Ⅲ-2> 국내 e러닝 MBA 코스

코 스	학 위	기 간	자 격	수 업	학 비	문 의
매경-휴넷 MBA 온라인	매경-휴넷 공동 명의 과정 수료증	7개월	제한 없음	온라인 학습 +오프라인 특강 20시간	150만 원	www.mbaonline.co.kr
EBS MBA	EBS 수료증	5개월	제한 없음	온라인 학습 +오프라인 학습	180만 원	www.ebsmba.co.kr
사이버 카이스트 MBA	카이스트 총장 명의 이수증, 카이스트 학점 인정	주2회 3시간 온라인 강의 총 16주	학사 학위 취득자(청강생의 경우 학력 제한 없음)	온라인 학습 +오프라인 특강	과목당 80만 원~120만 원	www.cyberkaist.ac.kr
성균관대 사이버 MBA	성균관대 사이버 MBA 대학원 졸업장	2년 6개월 5학기 과정	학사 학위 취득자, 직장 경력 무관, 영어 점수 무관	온라인 학습	학기당 300만 2,000원	www.semba.ac.kr
아주대학교 경영대학원 온라인 프로그램	아주대학교	2년 6개월 5학기 과정	학사 학위 취득자	온라인+오프라인 연계 학습	학기당 270만~290만 원	www.ajoumba.ac.kr

4) 실패한 외국의 원격대학들

위에서 살펴본 성공적인 해외 원격대학들과는 달리 2002년 11월 온라인 학사·석사학위 과정의 국내 수강생을 모집했던 베이징대는 국내 학생의 수준에 맞지 않는 콘텐츠와 국내 여건과 맞지 않는 학사 관리 등을 고집하다 자리잡지 못하고 결국 2년 만에 사이트를 폐쇄했다. 외국의 온라인 과정은 한국의 원격대학처럼 고화질 동영상을 제공하거나 온라인상에서 실시간으로 질의응답을 할 수 있도록 갖춰 놓은 곳은 거의 없는 점이 실패 요인으로 지적될 수 있겠다.

그러나 이러한 부정적인 결과 외에도 한국이 미국 대학의 원격교육시장성이 가장 높은 나라로 조사·평가되어 고무적이라 할 수 있겠다. 구체적으로 2005년 4월 미국 원격교육전문리서치회사인 헤즐(Hezel)사는 미국의 대학들이 제시한 원격교육 시장성이 높은 42개국을 대상으로 분석한 결과 한국을 가장 유력한 국가로 선정했고 2위는 일본, 3위는 독일을 꼽았다.

2. 해외 원격대학의 학위 취득 및 활용 분석

우리나라 학생 중에 해외 원격대학의 학위 취득 및 졸업생의 학위 활용도 분석을 시도하였으나, 우선 우리나라의 원격대학도 졸업생을 배출한 시기가 2년이 경과되었고, 이에 대한 미국 원격대학에 재학하고 있는 우리나라 학생집단을 발견하는 데 원천적인 어려움이 있었다. 따라서 본 보고서에서는 해외 원격대학 재학생은 미 노바대학교 대학원생들이다. 미 노바대학교 대학원에 처음 입학생이 30명이었다가 9명으로 축소되었으며, 9명 중 6명이 휴학을 하여 현재에는 3명만이 재학 중이므로, 이들에 대해서 인터뷰와 이메일을 통한 설문조사를 실시하였다.

본 설문조사에서 해외 원격대학에 재학하고 있는 학생들이 우리나라 원격대학 세계화 추진에 있어서 원격대학 세계화 성공 사례 부재, 원격대학 세계화 추진을 위한 발전전략 부재, 원격대학 세계화 추진에 필요한 외교력 부족 등을 문제점으로 지적하였다. 이를 개선하기 위해서 정부는 원격대학 세계화를 위한 정책적 재정 지원사업의 강화, 원격대학 세계화 관련 업체 선정 지원 사업, 원격대학 관련 국제박람회 및 컨퍼런스 참여 지원 등을 고려함과 동시에 세계적으로 경쟁력 있는 콘텐츠 중점 발굴, 국제적인 표준화 활동 적극 참여, 정부와 민간기업이 포함된 원격대학 세계화 컨소시엄 구성 등도 병행해야 원격대학 세계화를 성공으로 이끌 수 있다고 보고 있었다. 또한 추진 방향에 있어서는 우리나라의 원격대학 세계화는 많은 잠재력은 있으나 하드웨어보다는 소프트웨어 쪽으로 많은 개발을 하는 것이 국가 경쟁력에 도움이 될 것이라고 응답한 사람이 많았다.

해외 원격대학 재학생의 학위 취득에 대해서는 미국을 중심으로 조사를 하려 하였으나 이에 대한 통계는 없고, 다만 미국 고등교육 기관에 재학 중인 국가별 외국인 유학생 수만을 파악할 수 있었다. 이와 관련하여 한국은 미국 유학생 배출국 3위를 차지하고 있음을 확인할 수 있었다. <표 Ⅲ-3>에 의하면 아시아 국가의 유학생이 미국 전체 유학생의 50% 이상 차지하는 것을 알 수 있다.

〈표 Ⅲ-3〉 미국 고등교육기관에 재학 중인 외국인 학생 현황

순 위	출신국	유학생 수(2004 / 05)	전체 외국인학생에서 차지하는 비율($)
	전체 외국인 유학생	565,039	
1	인　도	80,466	14.2
2	중　국	62,523	11.1
3	한　국	53,358	9.4
4	일　본	42,215	7.5
5	캐 나 다	28,410	5.0
6	타 이 완	25,914	4.6
7	멕 시 코	13,063	2.3
8	터　키	12,474	2.2
9	독　일	8,640	1.5
10	태　국	8,637	1.5
11	영　국	8,236	1.5
12	인도네시아	7,760	1.4
13	콜롬비아	7,334	1.3
14	브 라 질	7,244	1.3
15	홍　콩	7,180	1.3

출처: Institute of International Education(www.opendoors.iienet-work.org). 참조.

다만 위의 표에 의하면, 한국인 학생이 9.4%만 차지하는 것을 알 수 있고, 원격대학의 학생들을 파악할 수는 없다. 따라서 이에 대한 졸업생의 학위 활용도 분석도 할 수 없었다. 아직도 미국에서는 우리나라에서 운영되고 있는 순수한 '원격대학'을 운영하고 있는 대학은 없는 것 같다. 따라서 우리나라 '원격대학'과 비교하여 미국에 재학하고 있는 우리나라 재학생은 엄격한 의미에서 우리나라 원격대학과 비교하는 데에 문제가 있다고 생각된다. 그리고 본 표에 포함된 유학생 한국인 학생 9.4%중에 순수한 우리나라의 '원격대학' 학생 수를 파악해서, 학위의 활용도 분석 자체가 어렵다는 것을 알 수 있다. 한편 위 표에서 하바드, 옥스퍼드 대학교에 재학 중인 학생들은 오프라인 대학의 유학생들에 대해서만 알고, 원격대학교에 재학하고 있는 학생의 통계에 대해서는 알 수 없다고 대답을 해 주었다.

이하에서 논의하고 있는 해외 원격대학 재학생과 졸업생을 대상으로 원격대학에서 학업 만족도, 학습효과, 학습자의 수행 능력 정도, 운영 결과는 주로 우리나라 원격대학인 대구사이버대학교와 협약을 체결한 노바대학교의 재학생에 대한 조사인데, 본 조사 대상인 노바대학교도 우리나라 원격대학과는 상당부분에서 교육방법 등에서 차이가 난다. 다만 본 조사에서는 운영되고 있는 교육방법이나 학습방법 등을 배제하고, 인터뷰를 실시하였다.

원격대학에서 학업 만족도, 학습효과, 학습자의 수행 능력 정도, 운영 결과 등의 네 가지 영역에 걸친 성과를 분석하기 위한 설문조사를 실시하였다. 먼저 첫 번째 영역인 학업만족도에 있어서는 교양교육과정의 편성과 운용, 교과과정의 난이도 수준이 상당히 높은 것으로 나타났고, 이로 인하여 학업의 중단까지 이른다는 점이 드러났다. 그리고 전공교육과정의 편성과 운용 면에서는 다소 아쉬움을 나타냈다. 또한 학습 콘텐츠에 있어서는 플래쉬 위주(텍스트, 그래픽, 애니메이션)의 학습보다는 동영상에 의한 학습에 만족하고 있었고, 수업계획서에 대해서는 내용이 충실하고 수업 전에 수업계획서 제공이 잘 이루어지는 것에 매우 만족하고 있음을 알 수 있었다.

다음으로 수업 내용 및 방법 면에서 응답자들은 강의식, 튜토리얼식, 세미나식 수업을 선호하는 반면 프로젝트식 수업은 다소 만족스럽지 못하다고 대답하였으나 전반적으로 수업의 질의 우수성을 높게 평가하고 있었다. 학생-학생 간 및 학생-교수자 간에 상호작용이 활발하고 적절하다고 판단하고 있었다. 이러한 현상은 우리나라 교육의 현실을 반영한 것으로 본다.

그리고 학습과제 및 피드백에 대해서는 학습과제 분량의 적절성, 학습과제 수준의 적절성, 학습과제 피드백의 신속성, 학습과제 피드백 내용의 도움 정도에 대해서 대체적으로 만족하고 있었고, 교수자에 대해서는 교수자의 강의 내용 우수성, 해당내용의 전문성, 강의의 성실성 등을 높게 평가했으나 학생지원 측면에서는 효과적인 학습을 위한 학습지원 제공(특강, 세미나, 스터디그룹 등), 효과적인 학습을 위한 디지털라이브러리의 충분한 자료 제공, 학생상담 지도의 적절성(학습상담, 심리상담) 등에서 만족하지 못하는 것으로 판단되었는데, 특히 장학금 제도 운영방식에 대해서는 매우 적절치 못하다는 의견이 나왔다.

또한 원격대학 시스템에 대해서는 시스템 오류 수정이 신속하게 해결되지 않는다는 지적이 많았지만,[96] 원격대학 교육의 질에 대해서는 전반적으로 만족하고 있는 것으로 판단된다.

두 번째 영역에서는 원격대학의 학습효과를 분석하기 위해 설문조사를 실시하였다. 학기당 평균 세 과목을 수강하고, 과목당 일주일에 5시간 정도 학습하며 학습을 위해 평균 20회 이상 온라인 접속을 하는 것으로 나타났는데 전공영역에 관련된 전문적 지식 및 기술의 습득 면에서 매우 만족하고 있는 것으로 보이지는 않는다. 이러한 원격대학의 학

---

96) 해외에 서버가 있고, 이에 대한 신속한 서비스의 지원이 미흡함.

습을 통해서 자기주도성, 문제 해결력, 원격대학의 학업을 통한 컴퓨터 및 정보 활용 능력 및 원격대학의 학업을 통한 사고력(비판적 사고 및 창의적 사고 등)이 향상되었다고 다수 응답하였다.

세 번째 영역에서는 원격대학 교육결의 직장 내 업무 수행능력의 기여도에 대해 조사하였다. 여기에서는 학습한 내용을 실제 관련 업무에서 어느 정도 사용하고 있는지에 대해서 질문을 하였는데 전반적으로 업무와 연관하여 사용하고 있지만, 현재 업무 환경에서 학습한 것을 적용할 여건이 안 된다는 이유로 인해 연결성이 다소 떨어진다는 평가도 35%정도 있었다. 또한 전문성 향상정도에 있어서는 학습을 통한 전공 관련 전문적 지식 및 기술과 학습을 통한 전공 관련 전문가로서 가져야할 태도 등이 대체적으로 향상되었다고 응답하여 학습한 내용을 실제 관련 업무에서 활용하는 빈도가 높음을 알 수 있었다.

네 번째 영역에서는 위와 같은 원격대학 교육의 성과를 조사하여 분석하였는데, 학위 취득, 학문적 욕구, 전공변경을 통한 이직 등 다양한 이유로 입학하지만, 무엇보다도 직무 능력향상을 위해 입학하는 학생의 수가 비교적 많았다. 이렇게 입학한 학생들은 자신이 입학 당시 목표했던 바에 어느 정도 도달하여 개인 성과나 업무 성과 면에서 향상되었다고 응답하였고, 원격대학 학생의 사회적 위상 및 인식이 과거에 비해서 많이 향상되었다고 82%정도의 응답자가 대답하였다. 또한 원격교육의 결과를 보았을 때, 대학교육 대중화, 평생학습 기회 확대, 해외교류 활성화 등에 기여하지만, 특히 국가 차원 인적자원개발의 활성화 및 학점은행제[97) 운영에 보다 많이 기여할 것으로 많은 학생들이 생각하고 있었다. 이 외에도 교육과정운영이 사전에 충분한 정보제공과 학습콘텐츠의 다양화 및 학습자 중심 시스템으로 개편하는 것과 입학에서부터 등록에 이르기까지 과정이 복잡하여 학사 운영의 신속성이 이루어지지

---

97) 그러나 이러한 학점은행제는 여러 가지 문제점들을 안고 있다.

않아 상당한 어려움이 있으므로 이를 개선해야 한다는 기타 의견도 있었다. 이와 같은 설문 결과분석을 바탕으로 우리가 나아가야 할 방향과 구체적인 계획을 마련하여 원격대학의 세계화를 이루어야 할 것이다. 그리고 해당 대학 졸업에 대한 활용도 조사에서 응답자의 대답은 '보다 나은 삶', 내지 '보다 좋은 직장'이라는 답을 주었다.[98]

3. 해외 원격대학의 학위 및 활용도에 관한 시사점

국내 기업의 인사 담당자를 대상으로 해외 원격대학의 학위 및 활용도에 대한 인지도를 알아보기 위하여 8개의 항목으로 (주)효성엘비데크, 삼성, 엘지 등의 인사 담당자를 대상으로 조사를 하였다.[99] 이와 관련하여 설문에 응답을 한 인사 담당자의 수가 매우 적은 관계로 정확한 내용의 파악과 일반화에는 한계점을 지니고 있지만 해외 원격대학에 대한 이해의 폭을 가늠한다는 측면에서는 의미를 지닌다고 할 수 있다. 응답자들의 설문내용을 살펴보면 다음과 같다.

먼저 현재 해외 원격대학의 국내에서의 성공 가능성 여부를 묻는 질문에 대해서는 6명이 응답을 하였다. 응답자 중 "성공하기 어렵다"가 1명이었고, "우리나라 원격대학과 동일하게 운영될 때 성공할 수 있다"고 생각한 사람이 2명이었다. 그리고 나머지 3명은 해외 원격대학이 있는지에 대해 모르거나 생각해 본 적이 없다고 답하였다.

---

98) 노바대학교에 재학하고 있는 학생들에 대한 원격대학 만족도 조사.
99) 인사 담당자 18명에게 설문조사를 하였음.

　　둘째 해외 원격대학이 성공할 수 있는 조건에 대한 질문에 대해서는 3명이 응답을 하였다. 응답자 중 "학비와 시스템 그리고 우리나라 교육부에서 외국의 원격대학을 인정해 주면, 성공할 수 있으리라 판단된다"는 의견을 1명이 제시하였고, 나머지 2명은 "모르겠다"와 "막연히 성공할 수 없다"로 답하였다.

　　셋째 우리나라에 진입한 해외 원격대학의 실패이유에 대한 질문에 대해서는 3명이 응답을 하였다. 응답자 중 "인프라 구축에 대한 투자의 실패와 우리나라 원격대학에 대한 성향 분석이 잘못되었다"고 응답한 사람이 2명이었고, 나머지 1명은 "잘 모르겠다"고 답하였다.

　　넷째 현재 우리나라에 들어와 있는 해외 원격대학의 만족도 여부에 대한 질문에 대해서는 1명이 응답을 하였다. 즉 "우리나라에 들어와 있는 해외 원격대학에 대한 이해의 부족으로 만족도에 대해서는 잘 모르겠다"고 답하였다.

　　다섯째 해외 원격대학에 대한 만족도에 대한 질문에 대해서도 1명이 응답을 하였다. 즉 "해외 원격대학에 대한 이행의 부족으로 만족도에 대해서 잘 모르겠다"고 답하였다.

　　여섯째 해외 원격대학 졸업생에 대한 국내 기업의 의식을 묻는 질문에 대해서는 2명이 응답을 하였다. 즉 "입사원서를 받아 본 적이 없으며, 국내기업에서는 해외 원격대학 졸업생에 대한 평가 자체가 어렵다"고 답하였다.

　　일곱째 해외 원격대학 학위의 사회적 인지도 및 위상을 묻는 질문에 대해서는 "해외 원격대학 자체를 잘 모르겠다"고 1명이 응답하였다.

　　여덟째 대학원 진학 및 민간기업에서의 학위 인정 여부에 대한 질문에는 "미국과 우리나라는 차이가 있을 것 같지만 학위 인정 여부에 대해서 잘 모르겠다"고 1명이 답하였다.

　　기타 의견을 묻는 항목에 7명이 답을 해 주었는데 피닉스대학, 노바대학, 매경의 미시간 MBA, 중국 북경대학의 원격대학을 들었다고 답하였고, 실질적인 내용에 대해서는 알지 못한다는 답을 하였다.

이러한 설문의 결과를 보면 우리나라 기업의 인사 담당자들의 경우 해외 원격대학에 대한 인지도가 거의 없다고 판단이 되며, 막연하게 외국과 우리나라의 교육체계 및 과정상의 차이라는 점에서 외국의 원격대학에 대한 소극적 의견을 가지고 있는 것으로 생각된다. 그리고 해외 원격대학의 대학원 진학에 대해서는 강남구 원격교육원 제1기 수강생 중 1명에게 인터뷰 설문을 조사하였는데, 우선 해외 원격대학에 대한 진학 여부에 대해서는 언어구사력에 문제가 있어, 진학에 대하여 부정적이라는 답변을 얻었으며, 특히 오프라인 대학과 비교해 볼 때 다양한 차별성이 존재함을 지적하였다. 따라서 이는 우리나라의 오프라인 대학에서 설립한 경희사이버대학교, 한양사이버대학교, 대구사이버대학교 관계자들과 같은 인식을 하고 있었다.

한편 해외 원격대학에 대해서는 잘 인지되어 있지 않고,[100] 미국의 피닉스대학과 중국의 북경대학이 운영 중인 것으로 파악하고 있었다.[101] 그리고 우리나라에서는 그다지 잘 운영되고 있지 않는 것으로 파악하고 있었다. 반대로 현재 인터넷 등을 이용한 사이버교육 내지 원격교육은 한국의 교육상품의 핵심요소로 등장하고, OECD 등에서도 향후 성장잠재력이 높은 교육서비스의 새로운 국제교역 형태로 인식하고 있었다. 특히 삼성의 인사 담당자는 컴퓨터와 인터넷의 보급으로 원격교육이 급속하게 확대하고 있으며, IT기술에 힘입어 원격교육 기술이 국제적인 경쟁력을 갖고 있는 것으로 평가하고 있었고, 법제의 정비를 통하여 해외에 진출할 수 있는 교육프로그램의 개발이 시급성을 역설하였다.[102]

---

100) 인사 담당자 18 중 2명만 인지를 함.
101) 그리고 인사 담당자 18명 전원이 해외 원격대학에 대한 질적인 문제를 갖고 있다고 생각하고, 이에 대한 학위에 대해서도 의문을 제기함.
102) 특히 아시아권역과 아프리카권역의 수출을 지적함.

<표 Ⅲ-4> 해외 원격대학에 대한 인사 담당자 설문조사 결과

항 목	응답자 수(명)	응 답 내 용
해외 원격대학의 국내에서의 성공 가능성 여부	2	성공하기 어렵다.
	1	국내 원격대학과 동일하게 운영되어지면 성공이 가능하다.
	3	잘 모르겠다.
해외 원격대학이 성공할 수 있는 조건	1	학비와 시스템 그리고 이에 대한 우리나라 교육부에서 미국의 원격대학을 인정해 주어야 한다.
	2	잘 모르겠다.
국내 진입한 해외 원격대학의 실패 이유	2	인프라 구축에의 실패와 투자 및 국내 원격대학에 대한 성향분석의 착오
	1	잘 모르겠다.
국내 진입한 해외 원격대학에 대한 만족도	1	잘 모르겠다.
해외 원격대학에 대한 만족도	1	잘 모르겠다.
해외 원격대학 졸업생에 대한 국내기업에서의 의식	1	입사원서를 받아 본 적이 없다.
	1	국내기업에서의 해외 원격대학 졸업생에 대한 평가 자체가 곤란하다.
해외 원격대학 학위의 사회적 인지도 및 위상	1	원격대학 자체를 잘 모르겠다.
대학원 진학 시 및 민간 기업에서의 학위인정 여부	1	해외와 국내에서의 차이가 있을 것 같지만 학위 인정여부는 잘 모르겠다.
기 타	7	피닉스대학, 노바대학, 매경 미시간 MBA, 북경대학의 원격대학의 존재는 인식하지만 실질적인 내용은 잘 모르겠다.

　　사회적 인지도 면에서도 설문응답자들은 해외 원격대학의 학사운영이나, 우리나라 기업에서 해외에서 우리나라로 진출한 원격대학에 대하여 어떻게 파악하고 있는지 잘 모르고 있었다. 아래 <표 Ⅲ-4> <표 Ⅲ-5>는 기술한 내용을 요약 정리한 것이다.

<표 Ⅲ-5> 인사 담당자들의 해외 원격대학의 인식 여부

항 목	응답자수(명)	응답내용
해외 원격대학의 인식 여부	2	피닉스대학과 북경대학은 안다.
	16	잘 모르겠다.

4. 한국 원격대학의 개관

1) 법적 근거

우리들이 흔히 사이버대학이라고 지칭하는 것의 법적 용어는 원격대학이며, 그 법적 근거는 다음의 평생교육법 제22조 제3항과 제4항의 규정에서 찾을 수 있다.

제22조(원격대학형태의 평생교육시설) ③ ……전문대학 또는 대학졸업자와 동등한 학력·학위가 인정되는 원격대학 형태의 평생교육시설을 설치하고자 하는 경우에는 대통령령이 정하는 바에 따라 교육인적자원부 장관의 인가를 받아야 한다. 이를 폐쇄하고자 하는 경우에는 교육인적자원부 장관에게 신고하여야 한다.
④ ……원격대학 형태의 평생교육시설의 설치기준, 학점제 등 운영방법에 관하여 필요한 사항은 대통령령으로 정한다.

위의 평생교육법의 규정에 따르면 원격대학이란 정보통신매체를 이용하여 특정 또는 불특정 다수인에게 원격교육을 실시하거나 다양한 정보를 제공하는 등의 교육을 통해 전문대학 또는 대학졸업자와 동등한 학력·학위를 인정하는 원격대학 형태의 평생교육시설이다. 즉, 원격대학은 우편, 전화, 라디오, 방송 인터넷 등 사용가능한 정보통신매체 방법을 통하여 교수자와 학습자가 지리적으로 떨어진 상황에서 수업을 진행하는 원격교육 방법을 사용하여 전문대학 또는 대학졸업자와 동등한 학력과 학위를 인정하는 대학인 것이다.

2) 실 태

우리나라에서 평생교육법에 근거하여 운영되고 있는 원격교육형태의 유형과 평생교육시설 현황을 개관하면 아래의 <표-Ⅲ-6>과 같다.

〈표-Ⅲ-6〉원격교육형태 평생교육시설의 유형 비교

학력인정 여부	시설유형(명칭)	설치요건	구별기준
학력 미인정	원격교육형태 평생교육시설 (평생교육법 제22조 제2항)	신고대상	-불특정 다수인을 대상 -학습비를 받고 원격교육 실시 -10인 이상, 교육과정 30시간 이상
		비신고대상	특정다수인을 대상 -학습비가 아닌 사용료, 수수료 및 통신료만 받는 경우
학력 인정	원격대학형태 평생교육시설 (평생교육법 제22조 제3항)	인가대상	-원격교육으로 전문대·대학졸업과 동등한 학력·학위 인정 -일정한 시설·설비를 갖추어 교육인적자원부 장관의 인가 필요 -전문학사학위 및 학사학위과정만 가능 (대학원과정 불인정) -국내의 개인·단체 등이 외국대학의 학위를 수여하는 경우 제외

출처: 교육인적자원부, 평생교육법령 해설자료, 2000, p.98

또한 이러한 원격교육 형태 중 원격대학의 학교별 현황을 개관하면 아래의 <표-Ⅲ-7>와 같다.

<표-Ⅲ-7> 원격대학교 학교별 현황(2005년 기준)

구분	설치주체		대 학 명	총 장 (학 장)	'05학년도 모집정원	비고 (설치년도)
학사 학위 과정	학교 법인	고황재단	경희사이버대학교	박건우	2,400명	2001
		대양학원	세종사이버대학교	최동호	1,300명	2001
		영광학원	대구사이버대학교	이영세	600명	2002
		원광학원	원광디지털대학교	성제환	700명	2002
		한양학원	한양사이버대학교	류완영	2,200명	2002
		동서학원	부산디지털대학교	김민식	600명	2002
		경북학원	세민디지털대학교	노병수	600명	2001
		광동학원	국제디지털대학교	이종록	750명	2003
		신일학원	서울사이버대학교	이재석	1,800명	2001
		동원육영회	사이버외국어대학교	안병만	1,350명	2004
	비영리 재단 법인 (컨소시엄형)	디지털스쿨	서울디지털대학교	조백제	3,000명	2001
		열린사이버교육연합	열린사이버대학교	장성근	1,000명	2001
		한국디지털교육재단	한국디지털대학교	김중순	2,500명	2001
		한국대학가상교육연합	한국싸이버대학교	송 자	1,650명	2001
		한성육영재단(단독법인)	한성디지털대학교	박범진	1,000명	2002
	소 계		15개교		15개교 21,450	
전문 학사 학위 과정	학교 법인	한민족학원	세계사이버대학	김건민	1,300명	2001
		영진교육재단	영진사이버대학	최달곤	800명	2002
	소 계		2개교		2개교 2,100명	
총 계					17개교 23,550	

* 세민디지털대학은 2001년 전문학사학위과정으로 설치되었으나, 2003년 학사학위과정으로 변경, 설치되었다.

3) 국내 원격대학의 특징

해외의 원격대학과 우리나라의 원격대학의 위상을 단순히 평면적으로 비교함에는 일정한 한계가 있다. 그러나 미국을 비롯한 세계 여러 나라에서 운영하고 있는 원격대학의 특성을 살펴보면 교육서비스의 모습에서 일정한 차이점이 나타남을 알 수 있다.

(1) '대학'과 '평생교육시설'로서의 성격 혼재

미국과 영국을 비롯한 세계 여러 나라에서 운영하고 있는 원격대학의 특성을 살펴보면 직장인과 전문인을 위한 재교육과 일반 성인을 위한 평생교육, 교양교육을 중심으로 이루어지고 있다. 반면에 우리나라의 경우 원격대학은 기존 대학의 학부과정과 유사하거나 동일한 내용을 바탕으로 운영되고 있고, 몇몇의 경우가 성인대상의 재교육과 평생교육과정을 반영하여 운영하고 있는 상황이다. 이는 미국의 경우와 달리 우리나라의 원격대학이 수요자의 요구에 의한 것이라기보다는 국가 정책에 의해 도입되었기 때문이다.[103]

따라서 영미법계 국가가 일반적으로 직장인을 위한 평생교육과 재교육이라는 측면에서 접근을 했다면, 우리나라에서는 학위과정에 그 초점이 맞추어졌다는 점에 차이가 있다. 그 결과 우리나라의 원격대학은 비록 법제상으로는 평생교육이라는 이상을 추구하기 위해서 평생교육법에 그 근거를 두고 있는 시설로 규정되고 있지만 현실에서는 관련 당사자들이 고등교육법상의 '오프라인 대학'과 동일한 수준의 대우를 원하고 있는 것이다. 이러한 상황 때문에 우리나라에서 원격대학의 위상을 영미법계 국가와 평면적으로 비교하는 데는 일정한 한계가 있다. 그렇지

---

103) 권욱, 효과적인 가상대학 경영을 위한 마케팅 전략, 연세대학교 경영대학원, 석사논문, 2000.12., 50-52면 참조.

만 이제는 이러한 현실과 법의 괴리현상을 극복하기 위한 방법을 모색해야 하는 시점에 왔으며, 그것이 최근 논의와 같이 원격대학 관련 법제 개선 과제를 촉발시킨 것이라고 할 것이다.

(2) 경력관리 기관으로의 성격 변화

국내 원격대학들은 그간 많은 성과를 거두었다. 초창기에 9개교로 시작해 지금은 17개교로 늘어났고, 총 3만여 명의 재학생을 두고 있다. 올해 원격대학들이 모집한 신입생 모집 인원[104]까지 감안하면 약 6-7만 명이 원격대학을 다니고 있는 것이다. 특이한 점은 원격대학 재학생 중 80% 정도가 직장인이라는 것이다. 그리고 원격대학을 다니는 신입생들은 학사학위를 목적으로 진학하려는 사람도 있고, 경력 관리나 재교육을 받으려는 직장인들의 수가 점차 늘고 있다. 60살이 넘는 만학도도 있지만 재학생의 평균 연령은 30~40대로서 경력 관리 차원에서 진학하려는 성향이 짙다는 것이다.

(3) IT강국에 걸맞은 콘텐츠 등의 표준화 미흡

우리나라의 가상교육용 소프트웨어 분야는 전 세계적으로 상당히 앞서 있다. 특히, 지난 5년 이상 교단선진화 사업, 초고속 정보통신 응용 기술 개발 등 정부주도 사업을 통해 가상교육 소프트웨어 개발이 꾸준히 추진되어 왔다. 이러한 측면에서 볼 때 우리나라에서 지금 운영되고 있는 원격대학은 그 방법 또는 기술적인 면에서 세계적인 수준에 도달했다고 할 수 있다. 그러나 이러한 기술적 발전과 IT강국으로서 기술력으로 운영되는 있는 원격대학이지만 법과 제도적인 측면에서 여러 가지의 문제점들이 지적되고 있다.

---

104) 현재 원격대학들의 입학정원이 23,550.

(4) 학점 상호인정 제도의 미흡

　현재 우리나라에서는 원격대학이 고등교육법상 학교가 아님에도 불구하고, 고등교육법상 학교와 마찬가지로 학교 간 장벽이 상당히 높아, 원격대학 상호 간 학점인정제도가 원활히 운영되고 있지 못하다. 우리나라에서 헌법상 평생교육의 이념을 구체화하기 위하여 도입된 것이 원격대학이라는 점을 고려한다면 원격대학의 경우에는 학생이 어느 대학에 소속되어 있든지 누구나 수강할 수 있으며, 수강하여 취득한 학점을 인정받을 수 있는 제도도 마련되어야 할 필요성이 있다고 생각한다. 따라서 이 점은 향후 보완이 필요한 연구과제의 하나라고 할 것이다.105)

---

105) 백윤철 외 4인 공저, 원격대학의 현황과 개선방향, 한국학술정보, 2006. 참조. 한편, 미국의 경우 개별 학교별로 취득학점의 상호인정에 관한 구체적인 운영방법에 관해서는 자세히 알 수는 없지만 앞서 살펴본 NTU의 사례를 보면 원격교육으로 이루어지는 비학위과정에서 취득한 학점을 추후 석사학위과정의 취득학점으로 인정하고 있는 점은 우리의 원격대학에서도 참고할 만한 자료가 된다고 생각한다.

Ⅳ. 결 론

　　원격대학은 디지털 시대를 맞아 대두된 수요자 중심의 교육 패러다임을 능동적으로 수용할 수 있는 새로운 개방형 교육체제로서 사내교육, 재교육, 학위교육, 평생교육 등 다양한 분야의 교육 수요자들에게 유연한 교육 환경이라는 인식이 확산되어가고 있다. 특히 정보통신 기술을 기반으로 하는 사이버 교육체제는 기업, 연구소, 병원, 학교 등에 근무하는 전문 인력들이 지식축적 속도가 가속화됨에 따라 변화되는 새로운 지식을 충전하기 위해 교육과 일을 병행할 수 있는 새로운 교육 환경으로 주목을 받고 있다. 또한 정보통신 기술 발전에 따른 디지털 시대의 경제와 사회적인 변화는 불특정 다수의 일반인들에게도 새로운 분야에 대한 다양한 교육 기회의 확대와 교육의 보편화라는 측면에서 평생교육의 필요성을 확산시키고 있다. 더욱이 인터넷 기술 및 위성통신, 모바일 컴퓨팅 기술(IMT-2000등) 발전은 국가, 지역 및 기관 간의 지식 흐름을 촉진시켜 줄 수 있는 수단으로써 사이버교육을 통한 교육의 세계화를 촉진시켜 줄 것으로 전망된다. 이러한 흐름을 반영하듯 사이버교육 체제의 표준화를 위한 안으로서 제시된 IEEE의 규약 1484에는 사이버교육시스템이 갖추어야 할 기본적인 요소와 이들 간의 관계를 LTSA(Learning Technology System Architecture)로 제시하고 있다.

　　세계의 유수 대학들은 대내외 환경 변화 및 패러다임의 전환 속에서 '혁신'을 위한 자구책을 강구하고 있고, 이러한 추세에서 일본은 21세기 교육신생플랜 이후 고등교육 개혁에 2004년에 450억 엔 투자하고, 중국은 고등교육기관 교육품질 및 교육개혁 프로젝트 추진 중에 있다. 이러한 시기에 우리나라의 특성 있는 대학교육 개혁의 하나의 축으로서 원격대학이 있는 것이다. 이러한 측면에서 우리나라의 원격대학은 우리나라뿐만 아니라 해외 학생들을 대상으로 원격교육을 실시하여야 하며,[106] 향후 이러닝이라는 산업 속에서 우리나라의 원격대학은 국제화를 실현하는 데 성공적인 모델이 될 수 있다고 생각한다.

기술한 바에 따르면 미국의 원격대학은 현재 우리나라에서 운영되고 있는 원격대학과 상당부분 유사한 듯하면서 많은 차이점을 가지고 있다. 미국의 원격대학들은 정규의 교육과정을 이수한 성인들을 대상으로 하여 재교육 내지 평생교육의 일환으로 원격대학을 운영하거나 원격교육과정을 운영하고, 피닉스대학의 경우 입학요건은 고교졸업 이상의 학력과 21세 이상의 나이, 3년 이상의 직장경력, 그리고 뛰어난 영어실력을 요구하고 있으며 입학시험도 치러야 한다. 이러한 점은 현재 우리나라의 무시험 전형으로 원격대학에 입학하는 것은 상당한 차이점을 갖고 있다는 것이다. 그리고 피닉스대학의 경우, 일반 대학의 미비점을 보완하여 IT기술을 접목한 대학으로 기존의 캠퍼스 교육과정, 평가방법, 교수방법 및 행정자원 등을 적극 개혁한 사례라 할 수 있다.

둘째로 교육과정상에서도 일정한 차이점을 찾아볼 수 있는데. 미국의 원격대학은 현재 재직하는 직장인이나 전직을 준비하는 직장인들을 대상으로 하기 때문에 전통적인 순수학문분야의 교육과정을 운영하기보다는 현장에서 필요로 하는 발전된 지식과 기술을 습득할 수 있도록 전문화된 과정으로 세분하고 있다. 뿐만 아니라 교육과정의 커리큘럼도 학생들의 경력관리에 초점을 두고 기업체와 산업계의 협조로 커리큘럼을 계속 변경하며 학습과제 중 50% 이상이 학생들의 직장업무와 연관

---

106) 현재 일부 우리나라 원격대학들은 해외 학생들을 유치하고 그들을 교육하고 있음.

되도록 하고 있다. 이와 비교할 때 우리나라의 원격대학을 살펴보면 전통적인 일반대학교에서 시행하고 있는 학위과정이나 교육과정과의 일정 부분 중복되고 있다는 점에서 차이점을 보이고 있다. 즉, 미국의 경우와 우리나라의 경우를 비교하면, 미국의 경우 경영학, 행정학, 컴퓨터공학 등 실용적인 내용이 주류이고, 이는 학사, 석사, 박사별로 다양하게 개설이 되어 있는 데 비교하여 우리나라의 경우 기존의 오프라인 대학에서 개설한 학과가 개설이 되어 있는데, 예를 들어 법학, 행정학 등의 사회과학 분야는 지원율도 낮고 학생도 그리 많지 않은 현실이다. 이에 반하여 자격증에 관련된 사회복지학과, 상담심리학, 부동산학 등에 수요가 집중이 되어 있다. 우리나라도 다양하게 학과목을 개발할 필요가 있다고 생각한다. 그런데 국내 대학에서는 교육부에서 입학 정원을 통제하고 있기 때문에 다양한 교육프로그램을 개발하는 데 제반 문제점으로 제기될 수 있다.

셋째로 교육방법에서의 유사점과 차이점이 그것인데, 미국의 경우 기본적 교육방법으로 하여 이 중 학생들이 임의로 선택할 수 있도록 허용하는 경우도 있지만 일반적으로 인터넷 등 최신의 정보매체를 매개로 하여 학생이 직장생활을 하면서 원하는 시간에 자유롭게 온라인캠퍼스에 등교하여 공부할 수 있도록 한다는 점에서는 유사하지만, 교수 1인당 담당하는 학생의 수에서 큰 차이를 보여주고 있어 실제의 교육방법에서 상당한 차이를 나타내고 있다. 먼저 교수 1인당 학생 수를 보면, 미국의 일반대학교의 경우 교수 1인당 평균 학생 수가 12명이 넘는 수준임에 반해 원격대학인 피닉스대학이나 존슨인터내셔널대학은 교수 1인당 6~9명의 학생이 한 조를 이뤄 인터넷교실에서 서로 토론하고 의견을 나눈다는 점에서 미국 내에서 일반대학과 원격대학 간에 교수 1인당 담당하는 학생의 수에 차이를 보여주고 있다. 이러한 점은 우리나라의 원격대학이 학생 200명당 교수 1인으로 정하고 있는 점에서 상당한 차이점이자, 교육의 질 면에서도 상당한 차이가 난다고 볼 수 있다. 그리고 미국의 원격대학 경우도 전임교수 이외에 튜터(Tutor)를 적극 활용하고 있기 때문에 교수 전부가 전임교수는 아니다. 예를 들면 피닉스대학의 경우 교수·강사는 평균 16년 이상의 직장경험과 석·박사 학위를 소유한 겸임교수들이 튜터업무와 출석수업을 담당하도록 하고 있다. 이에 반하여 우리나라의 경우, 튜터가 전공하고도 관계가 없는 자가 채용되고, 그 수준도 일반적으로 학사학위를 갖고 있는 경우가 대부분이다. 또한 개별 교과목의 교육목적 달성 여부를 측정하는 평가의 부분을 보면 미국의 피닉스대학에서 실시하는 평가제도는 과제물평가와 시험을 각각 50%로 분배하여 실시하고 있고, 학점인정시험은 문제은행식으로 출제하며 개인별로 상이하고 시험일자와 장소를 학생과 협의하여 실시한다. 이러한 평가의 부분은 우리나라의 원격대학도 항상 관심의 대상으로 삼고 있는 부분이며, 기본적으로 출석과 과제물평가, 시험평가의 세 영역을 기본으로 하면서 토론실 운영에 따른 평가, 평소평가, 작품의 제출을 통한 평가 등이 혼합적으로 활용하고 있다는 점에서 큰 차이는 없다고 생각한다.

미국의 피닉스대학의 경우는 온라인 교육의 선구자적 역할을 하며, 경영적인 측면에서도 나스닥시장에 등록되어 지식산업의 비즈니스화를 주도하고 있다. 특히 등록 학생 특징으로 온라인 학위과정에 등록한 학생의 평균 연령은 38세, 대도시에 거주하는 중간급 전문직 종사자들로 대부분 경영 및 산업 관련 직종의 남성이 약 72%이며, 우리나라처럼 특정시기를 정하여 입학하는 것이 아니라 항시 입학 체제를 유지하고 있다.

또한 서부주지사 원격대학은 미국 서부주지사협회에서 전통적 교육체제의 비탄력성과 고비용의 보수적인 고등교육 정책에 맞서서 설립한 온라인 대학으로서 시민들에게 시간과 공간의 제약 없이 고등교육을 접할 수 있는 기회를 제공하고 있다. 가장 주목할 내용으로는 16세 이상 및 고졸 이상의 학력 소유자 입학 가능하다는 점이며, 정책 수립 및 관리를 담당하는 중앙조직과 개인별 학습관리를 담당하게 될 지역 학습관 조직으로 운영하고 있다. 이는 밀착 교육을 강조하기 위해 개발된 학사행정의 이원화라 할 수 있다. 서부주지사 원격대학은 서부의 모든 주지사들이 고등교육에 대한 수요를 탄력적으로 운영하고, 복지 차원에서 운영한 대표적인 원격대학이다. 본 대학은 전통적인 교육체제, 즉 일반 오프라인 대학의 전통적인 고비용, 진부한 교육방식을 획기적으로 변화시킨 대학이라 할 수 있고, 강의실도 없고, 캠퍼스도 존재하지 않으면서 수준급의 교수를 하는 대학이다.

그리고 미국의 원격교육의 특색은 오프라인 대학에서 온라인 교육을 병행해서 성공을 하고 있는데, 이러한 대학 중에 캘리포니아 주립대학의 디지털 캠퍼스,[107] 스탠포드 대학의 전문성개발센터,[108] MIT대학의 선진교육서비스센터,[109] 코넬 대학의 이코넬[110] 등이 있다. 그리고 우리나라의 원격대학처럼 대학 간 컨소시엄 구축 유형이 있다.[111]

세계적으로 원격교육이 정평이 나있는 대학들을 살펴보면, 크게 두 가지 유형으로 분류해 볼 수 있을 것이다. 첫 번째는 단일체제(Single mode) 또는 독립된 원격교육기관으로 운영하는 형태이다. 단일체제의 기관이란 원격교육만을 위해 설립되고 주로 원격교육 방식을 사용하여 교육이 제공되며 정식학위가 인정되는 교육기관을 의미한다. 최근에는

---

107) Fresno 캠퍼스: csufresno.edu / digitalcampus. 참조.

108) 스탠포드 대학의 재학생, 졸업생뿐만 아니라 기업체 엔지니어, 관리자, 공학계열의 학사 희망자를 대상으로 서비스 제공.

109) 원격교육, 매체연구, 기술지향 교육미디어 제작 및 전달, 평생학습 제공 서비스를 위한 MIT의 허브 역할 수행 및 기존 학위과정 수업의 질적 제고를 목적으로 설립, 연구, 교육 서비스 측면에서 다양한 교육모델을 구축하여 재학생뿐만 아니라 기업의 엔지니어, 관리자 등에게 평생학습의 기회를 제공함.

110) eCornell: www.ecornell.com. 참조.

111) 이러한 사례로는 SREB(Southern Regional Education Board: www.sreb.org), UT tele-campus(The University of Texas System: www.onlineuc.net/texastele.html), 캐나다의 가상대학(Canadian Virtual University: www.cvu-uvc.ca), Universitas 21(www.universitas21.com), eCollege(www.ecollege.com), 시카이 프로젝트 (www.sakaiproject.org) 등이 있음.

교육매체 및 정보통신기술이 발달함에 따라 원격교육 방식이 주가 되어, 인쇄매체, 방송(TV 및 라디오), 면대면 수업, 영상강의, 튜터제, 이러닝 등과 같이 멀티미디어를 활용하여 통합된 방식으로 교육을 제공하고 있는 기관을 의미한다. 이러한 형태의 원격교육기관에서는 교육과정을 운영하고, 교육을 이수한 후에는 국가 또는 정부가 인정하는 학위, 졸업증서, 수료증 또는 자격증을 수여한다. 방송대나 영국 개방대학교와 같은 교육기관이 전형적인 단일체제의 원격교육기관의 사례라고 할 수 있다.

두 번째는 이원체제(Dual mode)의 원격교육기관으로 운영하는 형태를 들 수 있다. 이원체제라는 것은 캠퍼스 내에서 수업이 이뤄지는 전통적인 형태의 교육기관인 동시에 일부 과정은 원격교육 방식으로 진행하고 있는 경우를 말한다. 이 체제하에서는 캠퍼스 밖의 학생들이 캠퍼스 내의 학생들과 동일한 기관이 제공하는 동일한 교육과정을 이수한다. 이 경우 대부분은 그 규모 면에서 전통적인 형태의 교육으로 등록하는 학생의 수보다 원격교육으로 등록하는 학생의 수가 적은 편이다. 그리고 이원체제에서 원격식으로 수업을 듣는 학생의 수는 단일체제 원격교육기관 학생의 수보다 적다. 일본에 있어서 원격학부가 설치되어 있는 대학들이 이 유형에 속한다고 할 것이다.

일본은 수업방법으로서 통신교육 이외에 별도로 통신에 의한 교육만을 수행하는 학부 및 학과를 대학 또는 전문대학에 둘 수 있도록 규정하고 있다. 본 규정은 대학의 운영을 탄력적으로 운영하고 있는 일본의 대학의 특색이라 할 수 있는데, 우리나라에서도 일본처럼 오프라인 대학교에 원격학부를 두는 것이 바람직하다고 생각한다.

영국과 홍콩의 원격대학은 튜터 제도를 잘 활용하여, 학습자와 튜터 간의 밀착 교육에 대하여 잘 운영하고 있고, 이러한 튜터들은 엄격한 관리와 선별을 통하여 선발하고 있다는 점은 우리나라 원격대학에서도 튜터에 대한 신분보장과 엄격한 선발과정이 필요하다고 생각한다. 또한 영국과 홍콩의 원격대학은 질 관리 측면에서 내부와 외부의 관리 감독을 충실히 하고 있음을 알 수 있었다. 우리나라의 경우 내부관리 측면에서는 교수와 학생들 간의 충실한 교육 여부에 대하여 잘 운영되고 있는지에 대한 평가 지침을 만드는 것이 필요하다고 생각되며, 외부관리 측면에서는 현재 교육부의 감사에 의해서 이루어지고 있는 평가를 외부 전문기관 내지 평가전문기관에 의해서 평가가 이루어져야 한다고 생각한다.

　그리고 미국의 원격대학들은 일반대학의 등록금보다 비싼 경우, 일반대학과 동일한 경우, 저렴한 학비로 과목별로 등록금을 받는 경우가 있는데, 기술한 바와 같이 외국의 원격대학들은 일반적으로 수업료 부분에 있어서 우리나라보다는 더 많이 든다는 것을 알 수 있었다. <표 Ⅳ-1>은 우리나라 17개 원격대학의 수업료인데, 학교마다 약간의 차이는 있으나, 최고 153만 원에서 최저 90만 원까지 있는데, 이러한 우리나라의 원격대학의 수업료와 기술한 미국과 비교해 보면 우리나라 원격대학의 수업료가 적다는 것을 알 수 있다. 우리나라의 경우 사이버 강의는 저렴해야 된다는 편견이 실제 사이버 강좌의 운영과 함께 어떤 형태로 표출될지가 주목된다.

〈표 Ⅳ-1〉 17개 한국 원격대학 수업료

(2006년 10월 31일 기준)

학 교 명	수 업 료
한국싸이버대	1,530,000
경희사이버대	1,440,000
사이버외국어대	1,440,000
한양사이버대	1,440,000
원광디지털대	1,440,000(인문사회:1,260,000)
세종사이버대	1,260,000
대구사이버대	1,134,000
세계사이버대	1,126,000
열린사이버대	1,116,000
서울사이버대	1,080,000

학 교 명	수 업 료
부산디지털대	1,080,000
영진사이버대	1,080,000
한국디지털대	1,080,000
한성디지털대	1,080,000
국제디지털대	인문사회계열:1,070,000, 예체능보건계열:1,420,000
영남사이버대	970,000
서울디지털대	900,000

　외국의 원격대학에 대한 성공과 실패요인을 분석해 보면, 첫째로 e
-러닝 전담 부서 및 전담 인력 지원 체제 구축이 잘 되어야 하고, 오
프라인 과정과 연계된 학위과정의 개설은 오프라인 대학과 원격대학
내지 원격학부가 잘 연동되어야 하는데 이러한 연동이 잘 되지 않게
되면 원격대학 내지 원격학부가 학위수여를 장사하는 기계처럼 되어
실패112)하게 된다는 점을 알 수 있다. 우리나라의 원격대학도 오프라
인대학과 연계되어 있는 대학 중에 경희사이버대학교, 한양사이버대학
교 등이 잘 연계하여 원격대학을 발전시키고 있고, 이에 비하여 대구사
이버대학교는 오프라인대학과 연계되어 있음에도 불구하고, 협동대학으
로서 잘 연동되지 않는 모형이라 할 수 있다.

　그리고 미국의 원격대학에 대한 학사 관리의 측면에서 보게 되면,
교육과정이 특성화되어 있고, 철저한 질 관리가 제도화되어 있다. 우리
나라의 원격대학 중에 대구사이버대학교는 특수교육과 미술치료부분에
서, 원광디지털대학교는 게임 등에서, 서울디지털대학은 부동산 등에서
특성화에 성공하였다. 그러나 이러한 특성화는 아직 걸음마 단계이기
때문에 성공 여부를 판단하기에는 아직 이른 감이 있다.

　IT기술의 발전으로 e-러닝 학습체제의 도입은 우리나라에 원격대학

---

112) 캘리포니아 가상대학(California Virtual University)은 기존 대학에 기반을 두지
　　않은 학위수여로 학습자 모집에 실패하여 결국 폐쇄하게 됨.

이라는 새로운 대학교육 패러다임을 심어 주었고, 이러한 근본적인 변화는 학습자 중심적인 교수-학습체제로의 변화, 지역사회와 연계된 수업 강조, 평생교육의 중요성 강조가 되었다.

우리 원격대학이 해외 원격대학의 성공과 실패에서 배울 점은 우선 원격대학이 교육의 질을 향상시키고, 이러한 향상된 교육은 특성화와 전문화가 함께 이루어져야 한다는 점이다. 그리고 더욱 더 중요한 것은 엄격한 학사관리가 요청되며, 미국의 실패 사례처럼 우리나라에서도 일부 원격대학들이 학위 장사를 하고 있는데, 이는 우리나라의 특성화·전문화된 e-러닝 체제 도입에 저해된다는 점이다.

지금까지 국내외 주요 원격대학의 교육서비스 현황을 분석 검토해 보았다. 이러한 교육개혁사례들 중에서 한국의 원격대학에서 도입할 만한 교육개선 방안들을 전 연구의 제언을 보완하여 다음과 같이 제의하고자 한다.

우선 교육과정의 특성화, 다양화 및 실용학문 중심으로 재편이 있어야 한다고 생각한다. 즉, 학생들이 원격대학의 대학교육을 희망하는 이유가 '대학학위 획득'보다 '직업과 연관된 전문지식을 얻기 위해'서임을 잊지 말아야 할 것이다. 또한 학과목 내용의 기본단위 구성과 단위별 과제 지도로 교육의 질 제고도 생각해 보아야 한다. 존스인터내셔널대학처럼 각 학과목 내용을 8개 기본단위로 구성하고 인터넷교육이 용이하고 구두강의가 필요 없을 만큼 흥미롭게 설계해야 한다. 강의 담당 교수는 인터넷상에서 1주에 1개 기본단위씩 강의와 학급토론을 지도하고 기본단위별 과제를 제시한다. 튜터는 담당 학생에게 제시된 단위별 과제를 매주 지도하고 과제 결과를 평가하도록 한다. 또한 튜터는 매주 1~2회 인터넷상에서 학생들의 출석을 확인하고 학생은 매주 인터넷게시판에 의무적으로 단위별 과제에 대한 토론의견을 제시해야 한다. 각 기본단위 학습에 대한 평가에서 합격해야 다음 기본단위에 대한 수업을 수강할 수 있도록 함으로써 학습의 질을 향상시키도록 한다. 그리고 영국과 홍콩의 원격대학처럼 과목컨텐츠 담당교수, 강의담당교수 튜터 (전임대우강사) 등으로 구분해서 임무를 수행하는 것이 효과적이라고 생각한다. 특히 과목컨텐츠 담당교수는 원격대학 교수로 한정하지 않고 해당과목의 최고권위자를 위촉해서 최고의 교과목 내용이 되도록 노력하는 것이 좋을 것이다. 이외에 학점호환제, 학점은행제, 경력·자격증 인정학점제, 독학학점제 등을 허용하고 원격대학 학점으로 전환시켜주는 제도를 실시하도록 한다. 많은 노력을 들이지 않고도 장기간에 걸쳐서 학점과정을 이수할 수 있도록 교육과정을 개방하면 교육수요자가 폭증할 것으로 예상된다.

학생지원체계에 대해서는 학생중심의 One-Stop 서비스체계를 확립해야 하는데, 이에는 ① 일반인의 일반적인 질문과 ② 입학의사를 가진 자의 상담, 그리고 ③ 재학생의 상담서비스 등으로 구분해서 서비스를 제공하도록 하여야 할 것이다. 마지막으로 원격대학 신·편입생의 가장 큰 애로 사항은 학습 적응의 어려움이고, 신·편입생의 학업지속에 가장 큰 영향을 미치는 요인은 첫 학기 성적이라는 것도 중요하다. 이러한 문제들을 해결하기 위해서 신·편입생을 위한 튜터제를 조속히 도입해야 하고 도입이 가능하다고 본다. 원격대학이 미래에도 생존 가능하고 타 대학과 경쟁적으로 발전하기 위해서는 이러한 변신을 거치지 않고는 불가능하다는 사실을 인식해야 할 것이다. 그리고 이러한 변신은 최소한의 조치라는 것도 한국의 원격대학도 명심해야 한다.

한편, 현재 우리나라에 진입한 해외 원격대학들이 학생 유치와 경영난을 이유로 우리나라에서의 착근에 실패를 하고 있다. 실패의 원인 중에 가장 큰 원인으로 우리나라 학생들의 영어에 대한 실력(언어구사능력) 부족과 해외 원격대학들의 한국 교육시장에 대한 잘못된 조사를 들 수 있다.

해외 원격대학은 장기적 관점에서 접근해야 할 것으로 사료된다. 그 이유는 기술한 바와 같이 우리나라의 원격교육과 상당부분에 있어서 차이가 있기 때문이다. 따라서 교육기관, 학사운용, 교육시설 및 교육프로그램 운영에 대한 정확한 실태조사가 우선되어야 하고, 어떠한 법적·제도적 기반에 의해 운영되고 있는지에 대한 분석이 필요하다. 이와 관련하여 현재 원격교육과 관련된 교육시장 개방에 대한 논의가 있는바, 우리나라의 것과 비교하여 질 관리를 통한 상호인정 방식을 모색하는 등의 작업이 이루어져야 할 것이다. 특히 중요 여건이 완비되기 전에 원격대학에 대해 개방을 한다면 국내 학생들을 불량 공급자에게 노출되게 하는 결과를 초래할 것이며, 경제적으로도 큰 손실을 볼 수 있을 것이다.[113] 따라서 우리나라에서도 교육부나 민간 주도의 인증기관이 필요하다고 생각한다. 미국의 경우, 고등교육의 질을 구축하기 위한 인증(Accreditation)은 연방 차원이 아닌 주(州) 차원에서 하고 있으며, 인증 기준과 방법도 지속적으로 발전시키고 있다. 인증은 또한 자발적이며 전적으로 비정부적이나, 정부의 재정지원 획득을 위해서는 반드시 요구되는 사항이기도 하다. 이렇게 정부가 인증의 가치를 인정해 주면서, 미국에서 인증은 신뢰 이상의 의미를 형성하고 있다. 미국의 교육기관에 대한 우리나라에서의 검증[114]이라는 절차를 통과한 교육기관만이 우리나라의 원격대학들과 대등한 입장에서 교육시장을 양분해야 된다고 생각된다. 해외 대학들이 미국에서 우리나라의 분류체계로 3가지로 나누었을 경우, 어느 한 가지 형태로 원격교육을 실시하고 있다. 미국의 경우 정식 인가를 받지 못한 경우까지 포함한다면 약 800백개[115] 대학이 학위 수여가 가능한 것으로 알려져 있다.

FTA 협상 시 교육서비스 개방 중 원격대학 내지 원격교육은 현재

---

113) 자격기준 설정, 제도정비 등 적절한 준비 없이 교육서비스의 급격한 개방이 이루어질 경우 해외 저질 교육서비스가 국내로 무분별하게 유입될 가능성을 배제하기 어려움.

114) 우리나라의 경우, 평생교육법에서 규정하고 있는 절차에 준하여 그 기준을 설정함.

115) 이 중에 대표적인 원격대학은 http://www.elearners.com/colleges/colleges.asp. 참조.

한국은 물론 미국의 경우도 명확한 규정 내지 규제가 없는 상황이다. 따라서 한국과 미국은 원격대학 내지 원격교육에 대해서 우선 국내 법제 정비를 먼저 해야 하며, 이후에 이에 따른 조치가 수반되어야 한다고 생각한다. 원격대학은 교육소비자가 교육에 접근하기는 용이하지만, 일반 off-line 대학보다는 그 형태의 규제와 질 관리 시스템이 상대적으로 열악하게 운영되고 있는 것이 현실이다. 따라서 소비자들이 불량한 원격대학을 접할 기회가 상대적으로 많게 된다.

최근 국내에서도 원격대학이 17개 사이버대학교가 있고, 현재는 교육부의 원격대학에 대한 제도개선 중이라서 원격대학의 인허가를 해주지 않고 있지만, 향후 원격대학이 증가할 것으로 판단이 된다. 미국의 경우도 원격교육을 통하여 미국 영리법인 형태의 고등교육기관과 학원들이 미국 내에서 세를 확장하고 있고, 일부 국가들에는 이미 진출해 있기도 하다.

원격대학이 현재 평생교육법에 의해서 운영되고 있고, 이에 대한 규제 조항이 미비하고, 정확한 실태분석이 되어 있지 않은 상태로서 장기적 관점에서 미래 유보 사항으로 간주할 필요가 있다. 원격대학의 경우는 교육기관 및 프로그램 운영에 대한 정확한 실태조사가 우선되어야 하고, 어떠한 법적 기반에 의해 운영되고 있는지에 대한 분석이 필요하며, 질 관리를 통한 상호인정 방식을 모색하는 등의 작업이 이루어져야 할 것이기 때문이다. 이러한 조건이 완비되기 전에 원격교육에 대해 양허를 한다면 국내 소비자들을 불량공급자에게 노출되게 하는 결과를 초래할 것이며, 경제적으로도 큰 손실을 볼 수 있을 것이다.[116]

---

116) 유현숙, 한·미 FTA 교육서비스 협상 전략 및 사회·경제적 파급효과 연구, 교육인적자원부 정책연구과제, 2006. 참조.

참고문헌

1. 논문 및 보고서

강용석, "디지털화와 저작권-WIPO 저작권 조약을 중심으로-", 변호사법률실무연구, 서울지방변호사회, 1998.

곽승우, "사이버대학 만족도 조사를 위한 도구개발 연구", 서울대학교 석사학위논문, 2005. 2.

권영성, 『헌법학원론』, 법문사, 2006.

김상겸·백윤철, 『헌법 I』, 한국학술정보, 2006.

김유향, "사이버강의를 하면서", 『대학지성』 제13호, 2000.

김은순, "원격대학의 정착에 관한 연구", 연세대학교 교육대학원 석사학위논문, 2003. 2.

김현철, 『디지털원격교육과 관련한 저작권문제』, 저작권심의조정위원회, 2003. 12.

김희선, "원격교육(Distance Education)에 관한 문헌연구", 이화여자대학교 석사학위논문, 1984.

박재윤, "교육정보화를 위한 법제 개선(I): 가상교육제도의 정착을 위한 법제개선을 중심으로", 한국교육개발원, 1997. 12.

손병길 외, "교육정보화 진흥을 위한 법·제도 정비방안", 정보통신정책연구원, 정책연구 98-3, 1998. 12.

손상영 외, "멀티미디어 교육환경 조성을 위한 법·제도 정비", 정보통신정책연구원, 정책연구 97-08, 1997.

오승종·이해완, 『저작권법』, 박영사, 2004.

유현숙, "한·미 FTA 교육서비스 협상 전략 및 사회·경제적 파급효과 연구", 교육인적자원부 정책연구과제, 2006.

윤선희, "디지털송신과 인터넷상의 저작권 문제", 『저작권』 제42호, 1998.

윤영민, "원격대학의 문제점과 개선방안", 교육인적자원부·한국교육학술정보원, 「열린교육정보화 정책 포럼 연구 발표회」 자료집, 2003. 8. 27.

윤영민, "e-Learning의 학습기회 확충방안", 한국직업능력개발원, 제13차 KRI-VET HRD 정책포럼 자료집, 2002. 8. 22.

이성균·김선명, "원격대학 대학원 설치 타당성 검토 및 설치기준에 관한 연구", 교육인적자원부 교육정책연구 2004-12, 2004.

이주호·이영·김승보·이혜연, "전문대학 시장 구조의 변화와 정책 과제", 한국직업능력개발원, 2002. 12.

장익 외, 사이버대학 모니터링 연구, 한국교육학술정보원 RR 2002-2(2002. 12).

조규향, "e-Learning을 통한 인적자원개발방향," 한국직업능력개발원, 제13차 KRIVET HRD 정책포럼자료집, 2002. 8. 22.

허종렬, "원격대학 관련 법제 정비방안," 대한교육법학회·정보통신정책연구원, 2002년도 제3차 학술대회 발표 논문집 「원격교육과 학교교육의 법적 과제」, 2002. 12. 17.

허종렬·이광진, "e-Learning 활성화를 위한 법제도연구", 한국교육학술정보원 연구보고 KR 2003-6, 2003. 12.

허종렬 외4인, 『원격대학의 현황과 개선방향』, 한국학술정보, 2006.

Accreditation in the U.S.(http://www.ed.gov/offices/OPE/accredi tation/index.html).

Dow, Lohnes & Albertson, Regulation of the Web: e-Learning in a Nation of States, (http://www.webcommission.org/directory).

Glen M. Farrell, Development of virtual education (http://www. uni-cyb.kiev.ua/MMEDIA/reports/Kozak/).

Michael B. Goldstein, Regulation of the Web:e-Learning in a Nation of States.

National Allinace of Statewide / regional Virtual Learning Colleges (http://www.itcnetwork.org/NationalAlliance.htm).

Ormond Simpson, Student Retention in Online, Open and Distance Learning(2003).

Ormond Simpson, Supporting Students in Open and Distance Learning(2000).

Peter J. Dirr, Distance and Virtual Learning in the United States (www.newark.rutgers.edu/pubadmin/phd/D_Learning/Basic/practice/DL%20in%20US.pdf).

Robin Mason, European Trends in the Virtual Delivery of Education (www.stud.ntnu.no/~torsetne/LBG/e_trend.pdf).

Suellen Tapsall & Yoni Ryan, Virtual Educations in Australia: Between the Idea and the Reality.

The Higher Learning Commission, Accreditation of Higher Education Institutions an Overview, 2001.

The legacy of the one-room schoolhouse is holding back the potential of the one-world classroom (http://interact.hpcnet.org/webcom mission/Regulations.htm).

2. 자 료

경향신문, 2003. 9. 22.

교육법전, 교학사, 1997.

교육법전, 교학사, 2002.

교육인적자원부·교육학술정보원, 2000년 교육정보화 백서, 2000.

교육인적자원부·교육학술정보원, 2001년 교육정보화 백서, 2001.

국가정보백서, 한국전산원, 2002.

국회사무처, 제198회 교육위원회회의록, 제9호(1998. 12. 9).

대통령자문교육개혁위원회, 제4차 대통령보고 교육개벽방안: 평생학습시안 배경설명 자료, 1997. 6. 20.

사이버교육법안(2001)과 가상대학설립·운영에 관한법률안(1998)

e러닝 백서, 산업자원부·한국사이버교육학회, 2003. 8.

http://www.moleg.go.kr(2006)

3. 기 타

(1) 법령검색프로그램

http://www.findlaw.com(2006)

http://www.lexis-nexis.com(2006)

(2) 미국과 영연방의 교육관련 홈페이지

http://www.electroniccampus.org(2006)

http://www.hpcnet.org/webcommission(2006)

http://www.ncahigherlearningcommission.org(고등학습위원회)(2006)

http://www.ed.gov(연방교육부)(2006)

http://www.detc.org(2006)

http://www.ade.state.az.us(애리조나州 교육부)(2006)

http://www.nde.state.nv.us(네바다州 교육부)(2006)

(3) 영 국

http://www.dfes.gov.uk(영국의 교육부)(2006)

http://www.hefce.ac.uk/(2006)

http://www.privy-council.org.uk(2006)

http://www.open.ac.uk/(2006)

(4) 홍 콩

http://www.ouhk.edu.hk(2006)

ABSTRACT

A Study on Overseas Cyber University

Cyber education is becoming globally universal with the development of the internet. This has influenced many of the traditional, established universities who have previously shown a negative attitude toward Cyber education; Korea has been no exception. As the education setor is being continuously p[ent up, thorough preprartion needs to be conducted as Cyber education is one of the key FTA negotiated items.

For this preparation, we intend to analyze strategic exchange and dealing conditions through research of degree acquisition system and educational service of foreign Cyber education. This study aims at concluding resolutions to improve problems present in the current Cyber education system through analyzing the current situation and tendency of Cyber education in the United States, Japan, the United Kingdom and Hong Kong.

In the second chapter, the current situation and system of the United States is discussed, followed by Japan, the U.K. and Hong Kong. The Cyber education in these latter countries operate similarly to Korea with their own broadcast communication university. These systems are generally related with the education system and we will dervive some conclusions. In the third chapter, the current situation of Korea's Cyber universities is introduced and then a survey result regarding the perception or satisfaction of Cyber education professors, study services are described. Finally, based on the contents mentioned in the former chapters, the direction of Korea's Cyber education is indicated, discussing important points and issues which can be learned from the international cases. For this study, various academic journals, graphs and surveys, material books were used as reference and interviews with specialists who have professional knowledge and experiences were also conducted.

Furthermore, basic statistics research and surveys were conducted regarding the perception and satisfaction of undergraduates and graduates toward Cyber universities. In summary, it can be inferred that it is important to be successful in both specialization and professionalism based on improved education through actual cases of international Cyber universities. What is more important, however, is that educational management should be strict. As is the case of the United States, some Cyber universities in Korea are using educational degrees in a commercial way. However, it should never be forgotten that this prevents the introduction of e-learning system which are specialized and professional. In addition, more analysis of the current situation of educational bodies and programs is needed along with analyzing the legal basis of such operations. When Cyber universities strive to use cooperative admission methods through quality management, they can be expected to follow global current trends.

▌저 자

▎백윤철 서울대학교 대학원(법학박사)
　　　　대구사이버대학교 사회과학부 교수
▎김상겸 독일 프라이부르그대학교(법학박사)
　　　　동국대학교 법과대학 교수
▎이광진 한양대학교 대학원(법학박사)
　　　　서울디지털대학교 법무행정학부 교수
▎황준성 홍익대학교·KEDI 학연 박사과정(교육학박사)
　　　　한국교육정책연구소 선임연구원

● 해외 원격대학의 현황

- 초판 인쇄　　2007년 9월 28일
- 초판 발행　　2007년 9월 28일

- 지 은 이　　백윤철·김상겸·이광진·황준성 공저
- 펴 낸 이　　채종준
- 펴 낸 곳　　한국학술정보㈜
　　　　　　경기도 파주시 교하읍 문발리 526-2
　　　　　　파주출판문화정보산업단지
　　　　　　전화　031) 908-3181(대표)·팩스　031) 908-3189
　　　　　　홈페이지　http://www.kstudy.com
　　　　　　e-mail(출판사업부)　publish@kstudy.com
- 등　　록　　제일산-115호(2000. 6. 19)
- 가　　격　　21,000원

ISBN　978-89-534-7561-8 93360 (Paper Book)
　　　　978-89-534-7562-5 98360 (e-Book)